Johan Smit

MAN VAN FORMAAT

Lux Verbi

Outeursreg © 1995 Lux Verbi
Posbus 1822, Kaapstad
Alle regte voorbehou
Tensy anders aangedui, is alle Bybeltekste wat in hierdie
publikasie aangehaal is, geneem uit die 1983-vertaling met
herformulerings van die Bybel in Afrikaans
Kopiereg © Bybelgenootskap van Suid-Afrika 1983
Geset in 12 op 13.5 pt Melior
deur MartinGraphix, Kaapstad
Gedruk en gebind deur
CTP Boekdrukkers (Edms) Bpk,
Caxtonstraat, Parow, 7500, Kaapstad

Eerste uitgawe, eerste druk 1995
Tweede druk 1997

ISBN 0 86997 554 4

Vir Bossie, Pieter en Charl

Voorwoord

Man van formaat is 'n lekker geselsboek. Ek probeer nie die onderwerpe vakkundig bespreek nie. Ek gesels man tot man oor algemene sake wat in my kop opduik en oor hoe ek dit oor die jare ervaar het. Ek wil vir jou sê: dít wat jy in jou eie lewe ervaar, gaan ander mans ook deur. Vir die meeste probleme is daar eenvoudige oplossings. Jou verhouding met God loop soos 'n goue draad deur elke hoek en kant van jou lewe. Kom gesels gerus saam!

Johan Smit

Inhoud

DIE MAN OP SOEK NA

VERHOUDINGE WAT WERK

TOERUSTING WAT NODIG IS

PASOP VIR SLAGYSTERS

DIE MAN EN SY VRESE

DIE MAN OP SOEK NA

- Manwees

- 'n Goeie selfbeeld

- Lewenswaardes

- Huweliksgeluk

- Vriendskap

- Sekuriteite

Manwees

Die manlike ego is so oud soos die mensdom self. Afgesien van variasies en tierlantyntjies wat van tyd tot tyd verskil, bly dit deur al die eeue presies dieselfde.

Sommerso in die elkedagse verloop van sake sien 'n mens dinge raak en leer jy die man ken. Dit is ontstellend hoe dierlik onbeheers dié skepsel soms kan optree. Maar soms kom jy agter dat hy in sy hart steeds kind bly. Aan die einde van die dag wanneer die ou baard-en-spiere wil rus, is hy niks meer as 'n ander vrou se seun nie.

Dis waar, ja, maar selfs 'n leeu lyk vredig wanneer hy slaap. Môre is hy weer die ene nukke en grille, spiere en kliere.

Manwees en menswees

Met die vrou wat al meer die man se tradisionele terrein betree (geen kritiek!), verloor die ou met die borshare al meer van sy staanplek. Maar al word sy speelveld kleiner, raak hy nooit uitgespeel nie. Hy moet net leer om reg te speel; sy bates beter te benut, en homself onmisbaar maak.

Geen vrou wat haar vrouwees werd is, sal wil hê dat die man minder man moet wees nie. Sy mag wel wens dat dié mans wat dink dat hulle reeds die vlak van volmaaktheid bereik het, net so 'n paar basiese reëls van manwees wil aanleer ... Of liewer: dat die mán ook sal onthou om 'n goeie méns, mede-mens, te wees.

Die manbeeld verskil natuurlik van land tot land, van kultuur tot kultuur en selfs van mens tot mens. Daar is byvoorbeeld die "macho"-beeld waaroor almal gaande is. Dan die ewe gewilde beeld van die ou, vet pankop met die gróót bankbalans. En wat van die akademiese nerd? En die ... ag, noem maar op.

Vir sommige mense gaan alles net oor seks. Vir ander gaan dit oor geld. Dis moeilik om te weet presies wat gaan vir wat. Deesdae weet jy ook nie aldag wie gaan vir wat nie. Wanneer party mans aankom of wegstap, moet jy weer kyk om te sien of jy rég gekyk het.

Nogtans staan dit soos 'n paal bo water: 'n man is nie 'n vrou nie. En ware manwees is een van die onmisbare aanvullings van ware vrouwees, soos wat dit andersom ook waar is. Dis nie nodig om mekaar se terreine te betree nie.

Die regte man

Dis oor die **regte** man wat ek 'n paar woorde wil sê. Niks nuuts of buitengewoons nie. Net vanuit dieselfde stal 'n paar opmerkings wat dié grootse ervaring nog beter kan maak. Natuurlik dink jy dat jy 'n man duisend is. Nou ja, miskien nog nie heeltemal nie. Luister maar so af en toe wat jou vrou en kinders oor die volmaakte ou te sê het. Moontlik is hulle reg. Hierdie paar wenke kan jou dalk help om die man duisend te wees wat jy behoort te wees.

'n Mens hoef nie ver in die Bybel te gaan soek na die tradisionele manbeeld nie. Sommer heel aan die begin is die drama wat die skeppingstoneel ontsier. En raai wie is telkens in die middelpunt van die gewoel, moue opgerol en spiere gebult? Die man. Hy vrá nie altyd vir die moeilikheid nie. Dikwels is dit juis 'n vrou wat die oorsaak van die ellende is. En meesal is die man die een wat wil regmaak. Kom ek stel die regte man bekend.

Wie van Kain en Abel is die mán? Kain dink dis hy. Niks en niemand maak hom bang nie. Hy probeer dan ook sy mag met sy spierkrag bewys. Abel is die sagter een. Hý beland toe onder die kluite. Maar in God se oë is hy die mán. En dít is tog wat saak maak: hoe God na jou kyk, nie waar nie?

Weet jy wie is Henog? Hy is die "oubasie" wat so graag stap. Saam met die Here. Klink dit te mannerig? Nie eintlik nie?

Noag bou 'n skip op droë grond. Seker nie reg wys nie, dink die mense. Hy doen egter sy ding ongesteurd omdat die Here so gesê het. Hy kan met sy hande werk en skroom nie om sy sê te sê nie. Daarom wen hy. 'n Man wat sy man kan staan. Maar toe maak hy die pap (die dop) te dik aan en hy verloor. Net toe dit begin lyk of hy mán is, raak hy die spoor byster. Nogal op 'n manier waarmee baie soekers na man-wees meen om hulleself te bewys. Miskien moes hy maar net gebly het om te doen wat die Here sê.

Daar is ook die tweeling, Esau en Jakob. Die een het die borshare (lekker "macho"). Die ander het sy ma aan sy kant en 'n kop op sy lyf. Hierdie keer verloor die borshare. Jakob is nie juis die volmaakste manbeeld om na te volg nie. Hy is darem te veel vol planne en streke. Maar wat vir hom 'n paar goeie punte werd is, is die feit dat hy met die Here in sy lewe reke-ning hou. Hy is nooit te groot om kind voor God te bly nie.

*D*ie manbeeld

Soos ek vertel van die Bybelse manne kom jy 'n paar dinge agter (wat belangrik is om te weet voor jy by jouself kom):

- Daar bestaan nie 'n standaard-manbeeld nie; nie in die Bybel óf in die videowinkel nie. Dis 'n kwessie van smaak en ingesteldheid. Dit gaan oor jou persoonlike verwagting van wat en hoe 'n man behoort te wees.
- Dit is nie altyd die sterk en waaghalsige manne wat die pyp rook nie. Ook nie die rokjagters nie. In die Bybel (anders as by die videowinkel) is húlle nogal die ouens wat stof byt. En as jy nou eerlik na die ware lewe rondom jou kyk, sal jy sien hoe korrek die Bybelse weergawe van sake is.
- Manwees het niks met grootte, gewig, status en baie ander uiterlike maatstawwe te doen nie. In die Bybel gaan dit oor

5

'n binnekant wat op 'n manlike manier na buite sigbaar word. Anders gesê: spiere raak met die ouderdom pap (ai, hoe jammer), maar integriteit raak al meer gespierd.

- Daar is ook nie iets soos 'n afgeronde man nie. Omdat mans ook mense is, kan die manlikste man sy voet swik en 'n mankolieke vertoning lewer. Jy moet werk aan jou man-wees-beeld. Jy moet dié titel verdien. Nie met jou voorkoms en bankrekening en rokreputasie nie, maar deur standvastig en betroubaar te wees en deursettingsvermoë te hê. Jy moet veral die vermoë hê om vir 'n vrou iemand besonders te wees – iemand na wie sy kan opsien. En om vir kinders 'n held te wees – met wie hulle hulle graag wil vereenselwig.

En nou, wat jou betref ...

Jy het jóú idees van hoe die ware man daar moet uitsien. En jy wil ook graag 'n ware man wees. Miskien moet jy in die lig van die vorige afdeling 'n paar aanpassings maak ten opsigte van jou voorstelling van meneer Man. Soos te verstane het ek maar net enkele mense genoem wat in my gedagtes gekom het. Daar is soveel meer, waarskynlik ook interessanter as dié wat ek genoem het. Ek wou maar net sê jy kan gerus deur die Bybel blaai op soek na die ideale manbeeld. Of op soek na jouself – soos jy is en soos jy graag wil wees.

Maar, voor ek verder gesels, daar is nog een Bybelvoor-beeld wat op die tafel moet kom. Sy naam is Jesus. Was Hy 'n ware man?

Luister wat sê die Bybel van Hom: sagmoedig en nederig, geduldig, vriendelik en hulpvaardig. Hy is die Man wat dinge doen, die groot Barmhartige. Jesus gee om vir mense en is onselfsugtig. Hy gee selfs sy lewe vir ander prys. Voorwaar 'n Man duisend!

Ek lees nêrens van sy spiere of sy beursie nie. Nie dat dié dinge glad nie belangrik is nie. Maar vir manwees is dit nie van deurslaggewende belang nie.

Nou moet jý besluit watter soort man jy wil wees. Onthou jy nog vir Henog, die "oubasie" wat so graag gestap het, dié een wat op die oog af nie alte manlik gelyk het nie? Jesus het bewys dat dit 'n mán kos om enduit saam met God te stap. Wat ons by Henog terloops hoor, sien ons in sy volle uitvloeisel by Jesus. As jy regtig man wil wees, moet jy in jou spoor trap en op Jesus se spoor koers kies.

Here,
U is my Skepper.
U het my 'n man gemaak.
Ek wil graag 'n man wees – nie net soos een lyk nie.
Ek wil graag met my manwees tevrede wees.
Ek wil graag hê mense moet my as 'n ware man beskou.
Help my om te weet wat 'n ware man is.
My voorstelling word so sterk beïnvloed
deur wat die wêreld dink.
Ek wil graag die man wees wat U wil hê ek moet wees.
Help my om man te wees soos wat Jesus man was –
vriendelik en sagmoedig,
maar ook onverskrokke en ywerig.
Here, ek leer nog om man te wees.
Help my om die regte pad te loop.
Amen.

'n Goeie selfbeeld

- Hoe lyk ek vir myself?
- Hoe lyk ek vir ander mense?
- Hoe lyk ek vir God?

Elke man worstel die een of ander tyd met hierdie vrae. Sommige tye net meer intens as ander. Dink maar aan die jongman wat voor die spieël staan en spiere bult. Of die middeljarige wat voor die spieël staan en maag intrek. Of die ou man wat hartseer sy hare met 'n waslap kam ...

Ek wil nie op sielkundiges se terrein oortree nie, maar net praat oor wat ek sien en hoor. Die manlike ego is 'n ydelheid der ydelhede. Hoe meer hy ongeërg wil lyk oor die minder belangrike uiterlike dinge, hoe meer tyd bestee hy om sy uiterlike so goed as moontlik te laat lyk.

'n Man kyk op verskillende maniere na homself:

Die Mosesbenadering

Moses het gewéét hy is 'n besonderse kêrel. Waarom anders sou sy lewe so uitsonderlik verloop het? En die Here sê vir hom hy is 'n uitverkorene. As die Here so sê, wie is hy om te stry?

Maar toe die Here vir Moses beveel om die Israeliete te gaan verlos ... Moses kry skaars 'n woord uit. Nee, ek sal nie kan nie, jammer, Here, maar ek hakkel. Dit was nie 'n leuen nie. Hy het regtig gehakkel. Hy het 'n goeie saak gehad.

Daar is min dinge wat 'n mens se selfbeeld aftakel soos die een of ander liggaamsgebrek. Daardie gevoel van "die mense kyk en lag vir my", of "ek maak 'n groot gek van myself".

Moses wou hom nie aan hierdie vernedering blootstel nie. Dit is verstaanbaar. Maar, as die Here vir hom sy sin gegee het, sou Moses nooit kon ontwikkel in die reus waartoe God hom geroep het nie.

Wat word 'n mens hieruit wys? Moenie jou gebreke gebruik om uit God se plan vir jou lewe te probeer uitkontrakteer nie. Kyk net wat het God met Moses reggekry. Moses – die hakkelaar – was een van God se grootste profete. En 'n profeet is 'n man wat sy praat moet ken! Hy was God se woordvoerder; God se mond.

En jy? Wat jou sogenaamde tekortkominge ook al is, laat dit aan God oor. Hy kan wonders doen. Kyk maar net na Moses.

'n *Selfbeeld* soos Saul s'n

Daar is ook manne in die Bybel wie se selfbeeldprobleem op 'n ander manier vorendag kom. Soos byvoorbeeld Saul. Die Here het hom gekies om Israel se eerste koning te word. En was hy nie beskeie nie. Wanneer die mense hom soek, kruip hy in die voer- en tuietent weg. "Wie is ek tog om soveel eer te ontvang?"

Saul het gou geleer, maar ongelukkig verkeerd. Sy sukses het na sy kop gegaan. Vanaf 'n effe bedremmelde selfbeeld het hy in die hoogste versnelling in 'n verwaande selfbeeld ingevaar. Hoogmoedig. Verhewe. Dié koning het te groot vir sy skoene geword en wou sommer God se skoene ook vol staan.

Vir die Saul in jou moet jy tog maar lig loop. Dit is die beskeie man wat iewers kom – weliswaar nie koning word nie, maar darem iewers 'n eie mishoop vind om op te staan en koning kraai.

'n Koning is iemand wat sê hoe dinge gedoen moet word. Hy het die mag om voor te skryf, te reël en te manipuleer. Dit gebeur so gou dat jy reken jy is koning van die wêreld. En dán loop jy gevaar om selfs op God se program vir jou lewe gerieflike aanpassings te maak. Met mag en geld agter jou, dink jy, kan jy kompetisie bied.

Jy is verwaand wanneer jy dink jy kan met God meeding. Daar sal, soos met Saul, niks van jou oorbly nie. Waansinnig van vrees het hy na strooihalms gegryp om sy openbare beeld te herstel. Later wou hy net aan die lewe bly. Hy sterf as 'n ongelukkige man. Man? Hoe min het daar van die man in hom oorgebly. Dít gebeur wanneer jy jou van God begin loswoel.

Die Dawid-manier

Dawid was nie 'n engeltjie nie. Watter man is nie deeglik bewus van dié feit in Dawid se lewe nie? Maar meesal om die verkeerde rede. Om darem te kan sê daar was 'n groot man wat ook voor dié versoeking geval en stof gebyt het ...

Maar, laat ons mooi kyk na Dawid, Batseba ten spyt.

Toe Samuel 'n koning moes aanwys, kyk hy die kandidate op voorkoms deur. Maar God kyk na die binnekant. En klein Dawid (nie heeltemal so groot soos die Dawidbeeld van Michelangelo nie) loop met die louere weg. En bly steeds die nederige skaapwagter.

Ons leer ken iets van sy selfbeeld toe hy voor die reus te staan kom. Van kleintyd af bly dit maar een van die "groot" verhale in die Bybel. Soos dit met baie Skrifgedeeltes gaan, kry 'n mens met verloop van tyd verskillende perspektiewe op hierdie aanskoulike drama. As kind word jy oorweldig deur die dramatiese: 'n klein mannetjie wat kan ráák gooi en 'n onbeskofte kragman wat die onderspit delf. Maar later van tyd, wanneer jy met 'n lam gees en moeë liggaam jou eie "Goliat" moet aandurf en nie weet hoe nie, soek jy na die resep. En dan ontdek jy dat dit met 'n goeie selfbeeld te make het.

Dawid se goeie selfbeeld het niks te doen gehad met oormoedigheid, domastrantheid of waaghalsigheid nie. Hy was nie 'n gebore grootprater en kansvatter nie. Die pluspunt van sy selfbeeld was sy verbondenheid met God se beeld. Hy het God se beeld in sy lewe ingetrek. Daarom durf hy die reus in die Naam van God aan. Dít is 'n superselfbeeld: om God se beeld by joune in te trek.

10

Soos gesê: dit maak nie van jou 'n sondelose engel nie. Maar dit maak dat jy nie anders kan nie as om ten spyte van sonde weer na God terug te keer. Dan word jy in jou eie oë nooit groter as God nie.

*B*ly maar soek

Is jy tevrede met jouself? Ken jy jouself? Het jy 'n gesonde selfbeeld? Of soek jy nog? Ek dink 'n mens moet maar lewenslank bly soek. Nie na 'n beter selfbeeld nie, maar na die vervolmaking daarvan. Hoe gaan jy weet hoe jy vorder? Toets jou aan 'n aantal modelle. Lees maar net die Bybel. Die drie lewensbeskouings hierbo is 'n willekeurige keuse. Sorg net dat jy by een voorbeeld nie verbylees nie: Jesus van Nasaret. Hý is die volmaakte voorbeeld vir 'n goeie selfbeeld.

Jesus kan vir jou 'n paar dinge leer oor hoe 'n man aan sy doel kan beantwoord. Volg sy voorbeeld. Vir 'n begin kan jy gerus die bergrede (Matt. 5-7) rustig deurlees en jou eie lewe daaraan gaan toets. Wanneer jy regtig probeer om dit deel van jou lewensbeskouing en selfbeeld te maak, word jy al meer Christusgelykvormig.

En vir geen mens op aarde is daar 'n beter beeld om te vertoon nie as: die Christusbeeld.

Hemelse Vader,
ek is byna te bang om dit hardop te bid
– netnou hoor iemand my –
maar soos U weet, soek ek nog na die regte beeld.
Ek is soms so ontevrede
met wat ek is en nie wil wees nie;
met wat ek wil wees en nie kan bereik nie.
Ek weet dat ek oor die potensiaal beskik om
aan u doel vir my lewe te beantwoord.

*Bewaar my daarvan dat ek
sal vlug uit vrees dat ek kan misluk;
sal ontken dat ek kan omdat ek te lui is om te probeer.
Weerhou my daarvan dat prestasies my verwaand sal maak
en ek selfs teen U in opstand kom.
Help my om my vermoëns tot u beskikking te stel
en in u Naam die onmoontlike aan te pak
sodat ek die mens kan wees wat U deur my wil wees.
Help my om dikwels na Jesus te kyk
en sy beeld na te leef.
Amen.*

*L*ewenswaardes

Lewenswaardes het te make met lewensbeskouing. Jy formuleer vir jouself vaste standaarde op grond van jou persoonlike siening van sake. Nou is dit so dat ons verskillend sien. Ons beskouinge verskil soms radikaal van mekaar. Daarom verskil ons basiese waardes ook dikwels. Ons is almal maar net soekers na die regte waardes, na die regte lewensbeskouing, wat mekaar se idees moet probeer erken en eerbiedig.

Die storie van die blindes en die olifant illustreer dié waarheid nogal treffend. Dis eintlik 'n gedig uit die vorige eeu deur John Godfrey Saxe:

It was six men of Indostan
to learning much inclined,
who went to see the elephant,
though all of them were blind,
that each by observation
might satisfy his mind.
The first approached the elephant
and happening to fall against
his broad and sturdy side,
at once began to bawl,
"God bless me but the elephant.
It is just like a wall."
The second, feeling the tusk of the elephant,
cried, "Ho, what have we here,
so very round and smooth and sharp?

To me it's mighty clear,
this wonder of an elephant
is very like a spear."
The third approached the animal,
and happening to take
a squirming trunk within his hand
thus boldly up and spake,
"I think that the elephant
is very like a snake."
The fourth reached out an eager hand
and felt about the knee,
"What most this wond'rous beast is like
is mighty plain," quote he,
"it is clear enough the elephant
is very like a tree."
The fifth who came to touch the ear
said, "E'en the blindest man
can tell what this resembles most,
deny the fact who can.
This marvel of an elephant
is very like a fan."
The sixth no sooner had begun
about the beast to grope,
than, seizing on the swinging tail,
that fell within his scope,
"I say," quote he, "the elephant
is very like a rope."
And so these men of Indostan
disputed loud and long,
each in his opinion
exceeding stiff and strong.
Though each was partly in the right,
and all were in the wrong.

Dié storie wil nie sê dat 'n mens sommer 'n ieder en 'n elk se lewensbeskouing as reg moet aanvaar nie. Ons moet net oppas om ons eie mening "eksklusief" te reken.

Soos Pa en Ma

Lewenswaardes. Vaste standaarde. Só is dit reg om te glo en só wil ek graag lewe. 'n Aantal dekades gelede was dit nie so moeilik om waardes te vind nie. Die lewe het vir die meeste mense volgens 'n plan verloop. Soos jy grootgemaak is, só was dit reg om te doen. Klinkklaar. Daarom was Pa se politiek en kerk reg vir my. Maar tye het verander. So baie dinge wat as die waarheid aangebied is, is intussen as valsheid ontmasker. (Dalk was Pa en Ma besig om in die donker 'n olifant te soek?) Dit blyk dat my pa en ma nie in alle gevalle die regte standaarde gehandhaaf het nie.

Vandag verander dinge feitlik daagliks. Waardes wat skaars dekades gelede as onaanvegbaar gereken is, verkrummel oornag. Mense van aansien, mense na wie 'n mens bloot op grond van hulle posisie behoort op te sien, maak hulle aan openbare skandale skuldig. En die ergste is dat ons dit sluk. So asof hierdie waardekrisisse maar so hoort. Dit dra miskien daartoe by dat die man op straat soveel beter voel oor sy eie misdrywe. En dit makliker begaan.

Die wêreld staan op sy kop

Beskou deur die bril van 'n klompie jare gelede het die wêreld, my klein wêreld, nou op sy kop te lande gekom. Of miskien is dit ek wat skeel geraak het. Maar dan is daar darem 'n hele skare mense wat saam met my skeel geraak het. Want ek sien hoe die mense rondom my soek – na 'n bril waardeur hulle beter kan sien. Hulle soek na kerk en politiek. Mense raak soekers. Soekers na lewenskodes, lewensmodelle. Vaste en onwankelbare standaarde. Waardes wat aan die lewe sin gee.

Alhoewel ek dink dat alles vandag vinniger gebeur as jare gelede, blyk dit dat mense deur al die eeue maar soekers was, dit steeds is en vir altyd sal bly. Dit het te doen met die manier waarop 'n mens se kop werk. Met al sy slimmigheid en onafhanklikheid is die mens ten diepste afhanklik. Hy soek ondersteuning, binding, geborgenheid. Hy weet dat al die materiële krukke wat hy vir homself versamel nie sy dringende begeerte na vastigheid kan bevredig nie. Dis dié dat 'n slimgeleerde Nikodemus sy nagrus opoffer om by die Meneer uit Nasaret te gaan raad vra oor lewensvastigheid. En dat die man met die mag in sy hande, die regter Pilatus, verleë sug: "Wat is waarheid?"

Met dié twee menere in gedagte dink ek ons is besig om die olifant baas te raak. Want húlle het by die regte adres hulle vrae gestel. En wat hulle gevra het, het met die basiese lewenswaardes te doen – die lewe en die waarheid.

Lewenswaardes en godsdienstige waardes

Wat is vir jóú waarheid? Ek verstom my oor hoe maklik 'n kind "weet" wat reg is. Vra vir 'n laerskoolknaap watter motor die beste is, wie die beste rugby speel of selfs watter werk die beste is. Hy twyfel geen oomblik nie. Hy wéét mos! Vra vir 'n hoërskooltiener sy mening oor musiek en sport en ontspanning. Sy standpunt is ewe heftig en vasberade, maar daar is tog net 'n bietjie te veel histerie by. Die klein bietjie twyfel en onsekerheid wat al hierbinne begin vreet, laat hom effe oorreageer. En so begin die twyfel: Wat ís die waarheid?

Natuurlik, sal jy wil sê, moet 'n mens met 'n godsdienstige oortuiging begin. Jou geloof. Dis tog die fondament. Maar dan sê jy dat jy aan hierdie kerk behoort en iemand anders aan daardie een en julle druk arm oor wie reg of verkeerd is. En wat is dán die waarheid? Kan 'n mens regtig daarop aanspraak maak dat jou kerk die waarheid op die tafel het?

Die waarheid was vir my nooit 'n probleem nie. Die laaste tyd word ek al hoe eerliker – miskien die toenemende jare se skuld. Maar ek wonder tog al meer: moet ek nie versigtiger wees oor die begronding van my standaarde nie? Want ek het nog nie die laaste strofe van Saxe se gedig vir jou gegee nie:

> So often in theological wars
> the disputants, I ween,
> rail on in utterances of
> what each other mean,
> and prate about an elephant
> not one of them has seen.

Begin by die begin

Ek dink tog dat die begin wel met godsdiens te doen het. Die lewenswaardes met die sterkste wortelstruktuur is my godsdienstige waardes. Die Bybel is my lewensboek. Só het ek grootgeword. My pa se verwysingsbronne was die Bybel, Uilspieël en Langenhoven – in daardie volgorde. Ek onthou hoe hy die Bybel hanteer het, hoe hy met eerbied daaruit gelees het, hoe hy dit met opregte erns vertolk het, hoe hy dit geleef het. Veral laasgenoemde het gemaak dat ek daaraan waarde geheg het.

Ek weet nie wanneer ek dit formeel aanvaar het nie, maar dis 'n indruk wat met verloop van tyd inslag gevind het. Die Bybel is reg, want dit werk vir my pa. Ek het by geleentheid gaan sit en dink presies wat ek van my pa en sy Bybel onthou. Daar was nie spesifieke insidente nie. Maar die kruis en die naaste kan ek onthou – die kruis wat hy sonder skroom bely het en die manier waarop hy met sy naaste omgegaan het.

Die kruis en die naaste. As jy dalk na lewenswaardes soek, moet jy dáár begin. Ek glo vandag nog dat dít die regte vertrekpunt is. Godsdiens is nikswerd as dit nie jou siening van die lewe reël nie. Want godsdiens is die manier waarop jy jou verhouding met God leef. En God sê hoe jy met ander moet saamleef. En in jou saamleef met ander word jou lewenswaardes gedemonstreer. Jesus het vir ons die bergrede – die kruisevangelie – verkondig. Só moet jy lewe. 'n Selfverloënende, onselfsugtige en opofferende lewe.

*W*aagmoed

Indien jy die lewenswaardes van die gekruisigde Jesus wil navolg, sal jy waagmoed aan die dag moet lê. Dit is nie maklik nie. Lewenswaardes is nie net mooi idees nie. Dit is die lees waarvolgens jou dagprogram verloop. Hoe dink jy oor winsbejag en selfverryking en belasting en dankoffer en politiek en dobbelary en kerkbywoning en aborsie en genadedood en .... ?

Ek vind dit nogal ironies dat lewenswaardes skynbaar deur die manne vasgelê word terwyl dit so baiekeer die vrouens is wat dit werklik ten uitvoer bring. Dit is jammer dat so baie kinders getuig van 'n pa wat ander waardes leef as dié wat hy aan sy kinders voorskryf. Hy wéét wat reg is, maar sonder om te blik of te bloos verkies hy om anders te leef. Dit is sulke pa's se kinders wie se lewenswaardes deurmekaar raak. Wanneer hulle self moet kies, is dit vir hulle 'n stryd om te kies tussen wat reg klink en wat lekker lyk.

In die Spreukeboek is daar 'n magdom van waarhede wat 'n mens help om jou koers deeglik te beplan. Jy kan gerus dié boek deeglik deurlees en merk in watter mate jou manier van lewe daarmee verband hou. Lees daarmee saam Paulus se raad vir die gemeente van Efese: "... probeer te wete kom wat die Here wil dat julle moet doen" (Ef. 5:17).

Hemelse Vader,
ek weet nie altyd wat reg en verkeerd is nie!
Die een sê sus en die ander sê so.
Selfs kerk en kerk staan teenoor mekaar,
terwyl ek maar net wil weet hoe U wil hê dat ek moet lewe.
Ek is verward oor die vele beskouinge
wat van alle oorde op my neerreën –
politiek en godsdiens en alles wat met die lewe te doen het.
Here, wie is reg en wie is verkeerd?
Wat is die waarheid?
Ek het geleer dat U die weg en die waarheid en die lewe is.
Leer my U só ken dat ek die weg na
die lewe en die waarheid sal vind.
Dankie vir ouers wat vir my op die pad van u Woord
die lewenskoers leer loop het.
Help my om u Woord so te verstaan
dat ek die regte waardes sal vind.
Laat ek aan die kruis geanker
na my naaste uitreik
na die eise van die Woord van die waarheid.
Amen.

*H*uweliksgeluk

Soeker en jagter. Vryersklong en eggenoot. Die man se rol-
verdeling in die huwelikspel is nogal indrukwekkend – van
pronkpou tot geplukte hoender. Daar is so baie faktore wat
inspeel op sy soeke na 'n gelukkige huwelik.

Ouerhuis

Sommer van vroeg af word sy huweliksgeluk op die spel
geplaas. Reeds in die ouerhuis word sy huweliksbeeld geves-
tig. Om getroud te wees, is om soos Ma en Pa te wees. En hoe
is Ma en Pa se verhouding? Nie aldag te lekker nie. Maar dit
verskil van huis tot huis. In sommige huise gaan dit minder
goed as in ander. Soms so erg dat 'n seun besluit om nooit te
trou nie. Of baie erger nog: hy kry 'n verwronge beeld van die
huwelik, trou en maak 'n gemors van ander mense se lewens.

In die koerant is 'n strokiesegpaar (nié 'n sprokiesegpaar
nie!) wat met galgehumor 'n ongelukkige waarheid by ons
wil tuisbring: die huwelik is vir baie mense niks anders nie
as 'n nimmereindigende besoek aan 'n grugrot. Maar is die
huwelik werklik so erg soos die Prinsloo-egpaar dit voorstel?
Dit moet vir baie mense so wees – waar anders sal die stro-
kieskrywer sy idees vandaan kry? Waarom lees mense dit
dag na dag met 'n wrange glimlag om die mond?

Jý is deel van 'n huwelikspel: óf as soeker na 'n lewens-
maat óf as soeker na die modelhuwelik vir jou en jou lewens-
maat. Miskien kan ek jou help. Nee, nie met 'n kitsresep nie.
'n Volmaakte huwelik sal daar seker nooit wees nie. Maar
miskien kan jy met die regte raad en baie genade naby die
volmaakte kom ...

Dis nogal teleurstellend om in die Bybel 'n soektog na 'n modelhuwelik op tou te sit. In die Bybelse tye het mense anders oor 'n huwelik gedink as vandag. Maar daar is tog belangrike raakpunte. En skitterende hoogtepunte. Al sou jy dan nie na één meneer en mevrou Volmaakte Huwelik kan wys nie, vind jy tog algaande 'n beeld wat opbou en as model voorgehou kan word.

Kom ons begin by die twee wat sonder 'n draad klere aan vrugte gesteel het.

*A*dam en Eva

Die Bybel sê hulle huwelik het in 'n stukkie van die wêreldgeskiedenis geval waarvan God gesê het dat dit goed was, onberispelik, volmaak. En wat in God se oë volmaak is, kan vir die mens niks minder as 'n fees wees nie.

Adam en Eva se huwelik was 'n fees. Presies vir hoe lank, weet ons nie. Ons weet wel dat dié paartjie 'n tyd lank met mekaar en met God in volkome harmonie geleef het. Toe kom die moeilikheid ...

Die moeilikheid was nie "die slang" of Satan nie. Hy was net baie hulpvaardig. Soos vandag nog ... om verhoudinge te vertroebel en, waar moontlik, op te breek. Die eintlike moeilikheid – die deurslaggewende vernietigingsfaktor – het 'n naam en van. In elke huwelik is 'n meneer Adam en 'n mevrou Eva. Die besluitnemers. En die besluit was nie om teen mekaar te kies nie. Nee, dit was (so ongeveer kop in een mus) om teen God te kies, om aan Hom ongehoorsaam te wees. Hierdie egpaar moes leer dat 'n keuse teen God die een of ander tyd daartoe lei dat mense verleë staan voor mekaar. En dan die vinger na mekaar wys, die rug op mekaar draai ...

'n Egpaar kan nie gelukkig getroud wees sonder om sáám na God te luister nie. Hulle moet sáám aan Hom gehoorsaam wees. Dít is reël nommer een.

Ná die val

Die sondeval het nie die huwelik as 'n Goddelike instelling gekanselleer nie. Die huwelik is net minder volmaak. Dit kry kwale en skete. Soms het dit selfs barste en skeure en eindig dit in onherstelbare breuke. Ten spyte van die seer wat bykom, bly die huwelik steeds God se saak. Hy dink dit is goed dat man en vrou na mekaar draai, mekaar aankleef en een word. Dis hoe Hy dit wil hê ...

Die sondeval maak dit moeiliker om God se wil volledig uit te voer. Ons balans is versteur. Ons speel soms so 'n bietjie paradys-paradys. Ons dink ons het so ampertjies by die volmaakte aangeland. Ons trek selfs ons klere voor mekaar uit en aanvaar mekaar in ons naaktheid. Maar nie vir lank nie. Daar is te veel wat ons wil bedek – ook vir mekaar as man en vrou. Sonde het ons sake so lelik kom deurmekaarkrap.

Dis moeilik om gelukkig getroud te wees. En sonder God se genade is dit onmoontlik, 'n ontwykende droom, 'n onbereikbare vergesig.

Die ideale toetsterrein

Die huwelik, die man-en-vrou-wees soos God dit goed vind, is die vertrekpunt van God se herstelprogram vir 'n stukkende skepping. Wanneer God se liefde jou lewe deurspoel en nuut maak, vind jy in jou huwelik die ideale toetsterrein om jou herstelde verhouding met Hom te demonstreer.

In die Bybel is voorbeelde van mense wat in die brandpunt van 'n sondige wêreld iets van die herstelde huweliksbeeld verkondig het.

Dit klink na 'n nederige getuienis wanneer die Bybel sê Elkana het vir Hanna liefgehad ten spyte van haar kinderloosheid. Maar dis 'n groot woord. Dis 'n innige liefdesverklaring van 'n Oosterling wie se hele bestaan om sy nageslag gedraai het. Dit was om 'n ander rede 'n mooi huwelik: dié twee het saam na die heiligdom gegaan om te aanbid. Daar was 'n bindingskrag – 'n Godskrag – in hulle huwelik.

Van Priscilla en Akwilla weet ons nie baie nie, maar dít wat ons weet, sê iets van hulle huwelik. Hulle word altyd saam genoem. Hierdie egpaar was één in hulle liefde en ywer vir die Here. Daarom, glo ek, was hulle in alle ander opsigte 'n egpaar wat by mekaar gepas het – een in hulle liefde en aanvaarding van mekaar.

Vir die soekers is daar die mooi verhaal van Isak en Rebekka. In die Ou Testament het die soekery na 'n huweliksmaat heelwat anders verloop as vandag. Toentertyd het jou pa en jou ma daarin 'n sê gehad. Soveel so dat hulle sommer 'n bruid laat kom het. Dis hoe Isak sy Rebekka gekry het. Maar dan moet ek darem die hele storie vertel. Hierdie huwelik het met ernstige voorbidding gepaardgegaan. Hier was nie van 'n willekeurige keuse aan die ouers se kant sprake nie.

Toe Isak en Rebekka trou, was almal seker dat dit 'n saak van God was. Dít is die punt waaroor dit gaan: nie die manier hoe hulle dit gedoen het nie, maar die feit dat hulle in die huwelikskeuse aan die Here 'n belangrike rol toegeken het. Die paartjie was baie gelukkig getroud.

Met dié drie voorbeelde wil die Bybel ons leer om vir die Here in ons soektog en keuse te ken. Hy wil sy kinders gelukkig getroud sien. Hulle huwelik moet 'n fees wees. Daarom wil Hy hê dat die regte mense by mekaar sal uitkom. Jou liefde vir jou lewensmaat moet ook die teleurstelling van kinderloosheid (of enige ander teleurstelling) kan oorbrug.

*O*nderweg

Daar is nêrens van 'n volmaakte huwelik sprake nie. Dikwels raak een van die paartjie in sy of haar lewe met God uit pas en word die huwelik benadeel. Soms verloor hulle só tred met God se wil vir die huwelik dat alles op 'n breukspul uitloop. Van die verkeerd loop, die uit pas raak met God se wil (soos die resep vir opregte liefde in 1 Korintiërs 13) – daarvan weet ons almal. Dis hoekom ons iets van die Prinsloos se galgehumor verstaan. Ons het almal al in mindere of meerdere mate ervaar wat selfsug en eiebelang aan 'n mooi huweliksverhouding kan doen. Daarom bly ons soekers. Ons bly aan die werk en bou aan dié mooi (seker een van die heel mooiste) gawes wat God aan ons toevertrou het. My vrou. Dié vrou. En ons kry in die Bybel raad. Ons blaai deur 'n boek soos Hooglied en verheug ons daarin dat God dit vir ons in soveel woorde kom sê: 'n gelukkige huwelik sluit liggaam én siel in. Dit beteken om mekaar volledig te geniet, maar volkome te respekteer. Ons leer ken die onuitblusbare opwinding van "ek kan nie sonder jou lewe nie" en die dieper genot van "jy het my lewe kom vol maak". In hierdie wete van bymekaar hoort en lewensvervulling leer ons die gelukkige huwelik ken. Ten spyte van die kere wat ons swik en val. Die krag van 'n huweliksliefde wat sy grondslag in God se liefde gevind het en sy groeikrag in God se Woord bly vind, is sterk genoeg om die onvolmaakte te bedek.

Soos Christus

Wanneer Paulus sê die man moet sy vrou liefhê soos Christus sy gemeente liefhet, dui hy die koers aan na die volmaakte, die hemelse. Soos Christus. Hy het onselfsugtig liefgehad. Hy het opofferend liefgehad. Hy het nie liefgehad op grond van ander se verdienste nie, maar ten spyte van hulle gebreke. Met só 'n liefde vind 'n mens huweliksgeluk. Of jy 'n soeker is en of jy reeds getroud is: kies die Christusmodel. Met dié model voor oë – met die Christusliefde in jou stem, in jou hande, in jou hart – kan huweliksgeluk binne jou bereik lê.

Hemelse Vader,
dankie dat U die man en vrou geskape het.
Dankie vir die mooie en sagtheid van die vrou.
Dankie vir die wonder van die liefde tussen man en vrou;
die vreugde van ontdekking;
die opwinding van wedersydse liefde.
Dankie vir die voorbeeld van huweliksgeluk wat
ek in my ouerhuis ervaar het.
Maar nou is ek nog steeds 'n soeker, Here –
want soms mis ek die vreugde,
soms draai ek my rug,
soms verloën ek die liefde.
Ek bely my selfsug en eiebelang
wat soms die mooiste gawe wat U vir my gegee het,
bedreig en die lig van die liefde verdonker.
Leer my om nie vir u stem doof te raak in
die tuin van my liefde nie;
om nie te soek na dít wat ek dink die beste is
en sodoende u wil vir my huwelik verontagsaam nie.
Laat ek u stem hoor en gehoorsaam.
Laat ek en my vrou bymekaar ingehaak
met U in pas bly.
Ek wil graag liefhê soos Christus sy gemeente
liefgehad het – onselfsugtig, opofferend, onvoorwaardelik.
Here, help ons om die gawe van huweliksgeluk
só kosbaar te reken dat ons dit sal bewaar en vertroetel –
tot mekaar se verryking
en tot u eer.
Amen.

Vriendskap

Andrew was 'n briljante student. Op skool het hy reeds uitsonderlike prestasies behaal. Natuurlik was almal in die dorp gaande oor dié wonderkind. Hy het immers húlle dorp op die kaart geplaas. Hy het olimpiades en skaakkompetisies gewen. Soos verwag is, het hy met die matriekeksamen onder die eerste tien in sy provinsie gekom. Die dorp was trots. Soos menigeen gesê het: "Dié mannetjie is nie 'n pampoen nie." Op universiteit het hy net verder presteer. 'n Akademiese reus. Maar iets het makeer ...

Andrew het geen vriende gehad nie. Met sy neus in die boeke en sy sitvlak op 'n biblioteekstoel – feitlik dag en nag – was daar net nie tyd vir vriendskap nie. 'n Sokkiejol of seksiebraai was buite die kwessie. Rondkuier en koeldrank drink by die gewildste uithangplek was ondenkbaar. Daar was belangriker dinge om te doen. Studeer. Lees. Navorsing. Andrew het een jaar in 'n koshuis gebly. Die paar keer dat hy daaroor gepraat het, het die boodskap duidelik deurgekom: dis tydmors.

Toe breek die dag aan dat hy klaar gestudeer het. Hy moes 'n werk kry. Net daar het dinge vir Andrew begin skeef loop. Want werk beteken om met mense te kan klaarkom. Die arme man het geen mensekennis gehad nie. Hy was nie lief vir mense nie. En mense was nie lief vir hom nie. Sy akademiese rekord was indrukwekkend, maar sy menseverhoudinge haglik. Hy het 'n werk gekry, maar nie wat hy graag wou hê nie. Hy het sy lewe as 'n eensame navorser geslyt.

Andrew kon in sy lewe soveel beter presteer het. Maar mense wou hom nie 'n kans gee nie. Hy was te afsydig en knorrig en onbedagsaam. Hy het nie vriende gehad nie, omdat hy nie bereid was om 'n vriend te wees nie.

Wat is vriendskap?

Vriendskap is een van die noodsaaklike boustene vir 'n suksesvolle en gelukkige lewe. Natuurlik kan 'n mens baie alleen regkry, veral as jy bekwaam en intelligent is. As jy daarby die regte betrekking met 'n goeie salaris kry, is jy nie eintlik van ander mense afhanklik nie.

Maar vriendskap is baie meer as 'n bydrae tot jou finansiële sukses. Dit help om jou karakter af te rond. Dis 'n verbetering op jou lewensbeskouing. Dis die waghond oor jou lewensbalans. Dis jou redding van depressie. Dis jou waarborg teen hoogmoed.

Vriendskap eis openheid. Eerlikheid. Vrymoedigheid. 'n Mens moet by 'n vriend kan huil en lag – net jouself wees. Hy moet vir jou kan gee én van jou kan ontvang.

The beauty of being at peace with one another, is neither having to weigh thoughts or measure words, but spilling them out just as they are, chaf and grain together, certain that a faithful hand will keep what is worth keeping, and with a breath of kindness blow the rest away.

Die tweemanskap

Dawid en Jonatan se verhaal vertel iets oor die karakter van vriendskap.

27

Jonatan was die koning se seun. Hy het nie sommer met elke Jan Rap en sy maat gespeel nie. Koningskinders beweeg in uitgesoekte geselskap. Presies hoe hulle dinge destyds gedoen het, weet ek nie, maar ek is seker dat Jonatan baie beskermend grootgeword het.

Toe hy egter oud genoeg was, het hy soos alle prinse sy militêre diensplig gaan doen en geleer hoe om te doen wat 'n man moet kan doen. Dis in dié tyd dat die Israeliete en Filistyne mekaar aandurf (vir die soveelste keer). Die Filistyne kom met 'n nuwe truuk vorendag wat almal aan die praat het. Goliat die reus. Jonatan se pa sit met sy hande in sy hare. Totdat Dawid Goliat se kop aan die hare daar insleep. En daar leer ken Jonatan vir Dawid. Hulle word vriende. Nie eendagsvriende nie, maar boesemvriende. Hulle kuier saam en baklei saam. Maar toe loop dinge vir die vriendskap skeef ...

Jonatan se pa hou nie meer van Dawid nie. Hy wil hom later selfs doodmaak. Jonatan moet kies: tussen twee baie belangrike lojaliteite – sy pa en sy vriend. Omdat Saul so verkeerd is, kies Jonatan sy vriend se kant. Hy sluit met Dawid 'n bloedverdrag. Hy beloof trou aan hom tot die dood toe. En hy hou woord. Hy het nooit sy pa in die steek gelaat nie. Maar hy het ook nie sy vriend in die steek gelaat nie. En Dawid? Hy het die vriendskap hoog geëer. Ná Jonatan se dood het hy alles in sy vermoë gedoen om dié vriend se nagedagtenis te eer.

Wat soek 'n man?

'n Man soek vriende. Dit laat hom goed voel om deel van 'n groep te wees. Of beter nog: om iemand se vertroueling te wees. En nóg beter: om iemand te ken wat hy in sy vertroue kan neem. Hierdie tipe kommunikasie is noodsaaklik.

Vriendskap mag nooit 'n selfsugtige bedryf wees nie. Jy mag nooit iemand anders misbruik ter wille van jou eie sak nie. Dan is dit nie meer vriendskap nie. Dit is roof. Jy beroof iemand anders van sy kosbaarste besitting – sy lojaliteit en toegeneentheid. Dit is 'n misdaad.

Die toets vir ware vriendskap is in die offerkarakter daarvan geleë. Soos hierdie verhaal uit die Eerste Wêreldoorlog getuig.

'n Soldaat het vir sy offisier verlof gevra om in die mynbelaaide niemandsland sy gewonde vriend te gaan help.

"Jy mag gaan," het die offisier gesê, "maar dis niks anders nie as 'n selfmoordsending. Jou vriend is waarskynlik dood en jy stel nou jou eie lewe in gevaar."

Die soldaat het gegaan ten spyte van dié waarskuwing. Hy het sy vriend oor sy skouer getel en teruggestrompel. Toe hulle by die bunker terugkom, was sy vriend reeds dood en hy self dodelik gewond.

Die offisier het met onsteltenis na die soldaat gekyk. "Dit was so onnodig. Wat het jy nou bereik?"

"Dit was deur en deur die moeite werd!" het die soldaat geantwoord.

"Wat bedoel jy?" vra die offisier.

"U sien," het die soldaat geantwoord, "toe ek by my vriend kom, het hy nog geleef. Hy het gesê: 'Jim, ek het geweet jy sou kom.'"

'n *Vriend is betrokke*

Wees 'n vriend en jy sal vriende hê. 'n Mens kan meer vriende maak in twee maande deur in ander mense belang te stel as wat jy in twee jaar sal maak deur te probeer om ander mense te oorreed om in jou belang te stel.

– Dale Carnegie

Die hekkie wat 'n mens in alle verhoudinge laat struikel, versper ook die pad van vriendskap. Dít is natuurlik diepgewortelde selfsug. Sodra jy jouself in 'n verhouding wil bevoordeel, is jy besig om die verhouding te kelder. Wanneer jy in 'n verhouding belê met die oog op die diwidende wat dit gaan oplewer, het jy die hart uit die verhouding gehaal. In enige verhouding waar liefde die grondmotief is, geld profyt nie. Die verrassende, oordadige liefde wat jy ontvang, is die wins.

Jy is 'n vriend wanneer jy met toe oë liefde gee ... en dit geniet!

Die waarde van vriendskap

'n Amerikaanse student het by 'n Indianestam navorsing gedoen. Hy moes by die mense inwoon alhoewel hy nie hulle taal geken het nie. Tussen hom en die ouma van die gesin het 'n hegte vriendskap ontstaan. Mettertyd het hulle albei sinsnedes van mekaar se taal aangeleer.

Toe die student na sowat 'n jaar vertrek, het die Indianestam swaar van hom afskeid geneem. Die ouma was die hartseerste van almal. Sy het na die motor gestap, haar hande weerskante van sy gesig gesit en met trane in haar oë gesê: "I like me best when I am with you."

Dít is die waarde van vriendskap. Om van iemand anders 'n beter mens te maak. Om aan iemand anders waarde te gee. Soek iemand wie se lewe jy kan verryk. Werk aan daardie vriendskap. En jou lewe sal verryk word.

Moenie probeer om sonder vriende te leef nie. Jy sal dit regkry. Miskien maklik ook. Op 'n dag gaan daar egter in jou lewe 'n winter aanbreek. Jy gaan miskien langs die graf van 'n vrou of kind staan. Miskien jou werk verloor. Of in die een of ander verknorsing beland. Dan gaan jy die warmte van vriendskap nodig hê. Sonder vriendskap kan 'n mens van die koue sterf.

Here,
dankie dat ek vriende het.
Dankie vir mense wat verstaan
sonder om gedurig vir my te preek;
mense wat omgee
sonder om die koste te bereken.
Dankie vir die weelde om by my vriende
myself te kan wees.
Dankie vir die verryking van vriende
wat nie skroom om raad te gee
en te vermaan as dit nodig is nie.
Help my om 'n goeie vriend te wees –
om meer van my tyd en aandag te wy
aan dié mense wat ek my vriende noem,
dié mense aan wie ek trou beloof het.
Help my om só 'n vriend te wees
dat my vriende beter mense sal wees,
omdat hulle my ken.
Gee dat ek die regte vriende sal kies
sodat my vriende nie my vriendskap
met my beste Vriend sal belemmer nie.
Amen.

*S*ekuriteite

*I*nventaris

'n Man wat sy sout werd is, neem sy verantwoordelikhede ernstig op. Hy sorg vir sy vrou en kinders. Daarom trou 'n mens nie sommer lighoofdig agter 'n dubbelbed aan nie, maar maak eers seker dat jy die dubbelbed met alles wat daarmee gepaardgaan (en alles wat nog gaan kom) kan bekostig.

Jy maak 'n lys van al jou voorrade. Aan die begin gaan dit maar broekskeur. My heel eerste sekuriteite was 'n tweedehandse motor en 'n graad. Op eersgenoemde kon ek nie reken nie. Toe sit ek net met 'n graad en 'n vrou ... en studieskuld. Gelukkig het ek gou werk gekry en saam het ons gespaar. Spoedig is die skuld afbetaal en 'n neseiertjie het vorm aangeneem.

Hierdie patroon word in baie gevalle gevolg: die soeke na en opbou van sekuriteite. Later 'n eie woonplek wat gekoop word. Rieme wat dun en nog dunner gesny word. Luukses wat agterweë bly. Maar stadigaan groei die bates. En daarmee saam die gerustheid. Dié wete wat 'n man goed laat slaap: Ek kan sorg. My mense hoef nie onseker te wees nie.

*S*kuld

Die grootste teenstander van hierdie gemoedsrus is skuld. Dit kom so baie voor: 'n huis vol luukshede en 'n man wat spog met sy aandelespekulasies en die beste motor jaar na jaar. Maar dis alles op skuld gekoop en hy het krediet by al wat 'n winkel is. Hierdie spogbeeld is die tipiese voorbeeld van 'n huis wat op sand gebou is. Hoe groter die huis, hoe nader is die ineenstorting. En die pierewaaier is kort voor lank 'n man met 'n maagseer, huweliksprobleme en nog baie ander kopsere.

Dit is verstommend hoe baie mans glad nie met geld kan werk nie. Hulle het nie 'n benul van wat dit beteken om volgens 'n begroting te beplan nie. Hulle koop eenvoudig volgens begeerte en kla omdat hulle nie genoeg geld verdien om aan hulle behoeftes te voldoen nie. En dan is dié menere nie dom nie. Hulle het die slimste argumente hoekom 'n mens nie 'n slaaf van geld en sisteme moet wees nie. Jy moet jou lewe geniet en die lekkerste genot is om "so af en toe 'n bietjie geld te mors".

Maar hulle vergeet dat die inkomste nie in dieselfde mate vermeerder as die begeerte om "so af en toe geld te mors" nie. Hulle vergeet dat die wasmasjien, die stoof en die yskas wat hulle vir trougeskenke gekry het die een of ander tyd kan breek. En dat daardie spoggerige motor ook onklaar kan raak.

Die vinnigste manier om van jou sekuriteite ontslae te raak óf selfs nooit enige sekuriteite te hê nie, is om bo jou vermoë te leef. Spaar eers en gaan soek dán jou plesier. Dieselfde vrou wat so baie hou van uiteet en fliek en duur vakansies, gaan jou gek maak wanneer daar nie geld is vir kos, krag en water nie.

Staan jou man teen die alewige plesierdier hier binne-in jou. Skryf jou maandelikse salaris neer en besluit op 'n redelike bedrag om te spaar. Probeer om niks op skuld te koop nie. Jy sal sien dat jy op dié manier reeds baie spaar. Maak 'n lys van die luukses waaraan jy en vroulief al gewoond geraak het. Kan julle nie die lys so 'n bietjie inkort nie?

Té veel sekuriteite

'n Mens kan dié sekuriteitbesigheid ook oordoen.

'n Skatryk boer was behep met sekuriteite. Wanneer dit 'n goeie oesjaar was, het hy net nóg grond en implimente bygekoop. Natuurlik raak so 'n geweldige boerdery later 'n gekompliseerde sakeonderneming. Omdat hy die hele tyd moes somme maak en alles reg bereken, het die boer min tyd vir ander sake gehad. Sy huwelik was aan flarde. Daar was nouliks sprake van 'n gesinslewe. Die kerk het hy nooit gesien nie. Sondae was die enigste dag wat hy rustig sy sake agtermekaar kon kry.

En toe gebeur dit ...

Nee, hy het nie bankrot gespeel nie. Hy het besluit om alles te verkoop en van sy rente te lewe. Die eiendomsagent wat die transaksie sou behartig, vertel hoe die boer met sy laaste besoek gespog het: "Wat jy hier sien, is mý handewerk. Maar nou gaan ek dit geniet. Ek het niks verniet gekry nie en daarom gee ek niks verniet weg nie. Sorg dat jy die regte koper kry."

Dít was die Vrydagmiddag. Die Saterdagoggend kry sy vrou hom dood by sy lessenaar. Die dokter sê dit was 'n beroerte. Vyf en vyftig jaar oud. Daar was nie baie mense by die begrafnis nie. Hy het nie baie mense geken nie. Hy het hulle nie nodig gehad nie. En toe praat die dominee nog van oorlede broer Dawid, terwyl hy Danie was. Maar die dominee het hom nie geken nie. Die plaas? Dié is wel vir 'n paar miljoen rand verkoop.

Die Bybel sê dié man was 'n ryk dwaas. Jesus praat ook van hom. Die ryk dwaas was so besig om sekuriteite te versamel dat hy nie tyd gehad het vir die heel belangrikste sekuriteit nie. Sy saak met God was nie reg nie. Hy het bankrot gesterf. Die ergste was nie dat die dominee sy naam vergeet het nie, maar dat sy naam nie in God se register was nie. Die dwaas ...

Soms kry ek 'n koue rilling wanneer ek mense sien wat hulle sekuriteite so verafgod. Hulle praat feitlik oor niks anders as die materiële goed wat hulle versamel het nie. Hulle het vir niks anders tyd nie. Ook nie vir God nie. Moet 'n mens hulle aan die ryk dwaas herinner?

Hoe lyk dit met jou? Ryk? Dwaas?

Die beste sekuriteit

Jare gelede het my kollega by 'n woonstelblok in 'n Kaapse voorstad gaan huisbesoek doen. Tydens 'n kursus vir predikante het hy 'n aktetas van 'n versekeringsmaatskappy gekry. Met dié tas onder die arm klop hy aan die deur van nuwe intrekkers. Toe die man die deur oopmaak, sien hy net die tas en reageer onmiddellik: "Nee dankie, ek het nie 'n polis nodig nie."

My kollega sit toe sy voet in die deur en probeer sy saak verkoop. "Meneer," sê hy, "ek waarborg dat jy nie sonder die polis wat ek vir jou vanaand aanbied, kan klaarkom nie. Jy kan dit eenvoudig nie bekostig nie."

"Maar ek sê mos ek stel nie belang nie. Vat julle dan nie nee vir 'n antwoord nie!" het die nuwe intrekker warm onder die boordjie geantwoord.

Dis toe dat my kollega sy Bybel uithaal en vir die man die evangelie aanbied.

Dít is en bly die beste sekuriteit. Geen ander sekuriteit kan met die Woord meeding nie. Dis net eenvoudig in 'n ander klas. Wie op aarde kan vir jou enige vorm van sekuriteit met ewigheidswaarde aanbied? Tog is baie mense so dom dat hulle al hulle tyd en geld en energie in aardse skemas belê.

Dis nie om dowe neute nie dat ons Meester op 'n dag vir 'n klomp bekommerde sekuriteitjagters gesê het om eers die koninkryk van God te soek, om vir hulle skatte bymekaar te maak in die hemel. Ons bly so domonnosel besig om die orde om te keer. Ons besige lewe (besig om sekuriteite op te stapel) bly maar voortdurend die verskoning waarom ons verhouding met die Here op 'n nulkoers bly staan. Daar is net geen groei nie. Dit lyk heelpad na 'n dooie verlies. En dan sê die manne: Wag maar tot ons aftree. Dan sal ons tyd vir die kerk en Bybelstudie en sulke sake hê. Die dwase ...

Net soos jy jou aardse sekuriteite ordelik beplan, moet jy jou ewige sekuriteite deeglik beplan. Begroot vir jou tyd saam met die Here, jou elkedagse Bybelstudie, jou kerklike meelewing. Natuurlik verloop jou verhouding met die Here spontaan. Maar enige sinvolle verhouding is aan sekere wedersydse verantwoordelikhede onderworpe. God hou woord. Hy kom elke belofte na. Dis net ek en jy wat so maklik kontrakbreuk pleeg. Daarom: beplan jou verhouding met die Here. Jy kan nie bekostig om die wins van 'n daaglikse afspraak met Hom mis te loop nie.

As 'n mens kan ryk wees, waarom sal jy dan arm bly? Die rykdom van God se genade, die weelde van innerlike vrede en gemoedsrus en lewensvreugde, kan geen, maar géén, ander sekuriteit vir jou bied nie. En soos ons goeie Meester gesê het: Soek eers die koninkryk van God en die ander dinge sal vir jou bygevoeg word. Sien jy kans om Hom op sy woord te neem? Hy is die Bemarker van sekuriteit wat nog nooit 'n leuen vertel het nie.

Liewe Heer,
dankie dat ek vermoëns het
om middele mee te kan verdien.
Dankie dat ek vir my gesin kan sorg.
Dankie vir my opleiding, my werk en my ideale.
U weet dat ek hard werk om beter te presteer
sodat ek nog beter vir my afhanklikes kan voorsien.
Bewaar my van luiheid
wat kan veroorsaak dat my gesin sal gebrek ly;
van verknogtheid aan aardse goed
wat van my 'n inhalige materialis sal maak.
Help my om nugter en gebalanseerd
vir my gesin die nodige sekuriteite te voorsien
sonder om vir hulle die sekuriteit van
'n gelukkige huis te ontneem.
Help my om vir myself en my gesin heel eerste
voorsiening te maak vir die hoogste sekuriteit –
die koninkryk van God.
Dankie vir u belofte
dat U die ander dinge wat vir ons nodig is,
sal byvoeg.
Amen.

Verhoudinge wat werk

- **Die huwelik**
- **Gesin**
- **Ouers en skoonouers**
- **Vriende en bure**
- **Die mense by die werk**

2

Die huwelik

Het jy gehoor van die man wat twee ongelukkige huwelike gehad het? Sy eerste vrou het hom gelos en sy tweede vrou wou hom nie los nie.

So praat mense oor die huwelik. Die ergste is dat dit in baie gevalle waar is.

Maar moet dit nie anders wees in 'n huwelik nie? Jy kan nie jou ouers en broers en susters kies nie. Selfs jou kinders kan verrassings oplewer, maar jou wederhelf is die persoon met wie jy uit vrye keuse 'n verhouding aangeknoop én vasgeknoop het. As daar dus 'n verhouding is wat behoort te werk, is dit die huwelik. Die egskeidingshowe vertel egter 'n ander storie.

Vir elke mens is verhoudinge van die allergrootste betekenis. Omdat jy tussen ander mense grootword (ouers, broers, susters), dink jy selde aan die verwikkeldheid van verhoudinge. Mense wat ten opsigte van 'n magdom van sake van mekaar verskil (oortuiginge, fisieke voorkoms en behoeftes, smake, eienaardighede, persoonlikheidseienskappe, noem maar op) moet met mekaar kan saamleef, mekaar verstaan, verdra en aanvul. Die skynbaar eenvoudige saak van kommunikasie blyk by nadere ondersoek een van die ingewikkeldste sake denkbaar te wees en is bewys as een van die grootste risikofaktore in enige verhouding.

Daar word vertel van die man wat sy vrou gedagvaar het vir geestelike lyding. Sy praat al die afgelope twee jaar nooit meer met hom nie — letterlik nóóit nie. Dringende boodskappe plak sy op 'n kennisgewingbord in die kombuis. Ná afloop van die hofsaak het 'n verslaggewer vir die "spraaksame vrou" gevra waarom sy so drasties opgetree het. Haar antwoord was: "Ek het besluit om op te hou praat omdat my man meer as vyf jaar gelede al opgehou het om na my te luister."

Miskien 'n fiktiewe verhaal, maar dit weerspieël iets van die verloop van sake in talle huwelike. In 'n vorige hoofstuk het ons gesels oor die man op soek na 'n gelukkige huwelik. Die huweliksmodel van Efesiërs 5 is daar vir jou voorgehou as 'n voorbeeld om na te volg.

Hoe lewe ons in die praktyk volgens dié standaard? Daar is baie boeke geskryf oor hoe om jou huwelik op standaard te hou. Doen gerus by 'n boekwinkel navraag. Dis onmoontlik om in die bestek van 'n kort hoofstuk regtig sinvolle riglyne te gee. Ek wil egter net 'n paar bakens aandui wat vir almal belangrik behoort te wees.

Geluk is 'n werkwoord

In die huwelik vind jy geluk wanneer jy gelukkig maak. Kom ons erken dit maar: mans is geneig om baie selfsugtig te wees. Hulle lewe is te veel daarop ingestem om te ontvang, om bedien te word. Die man wil homself graag as 'n koning sien. Sy baasskap is onaantasbaar. Ten spyte van al die mooi liefdesgeluide wat hy uiter, is hy as minnaar ook 'n ontvanger. Wat hy gee, gee hy sodat hy beter kan ontvang.

Wanneer jy werk aan die geluk van jou huweliksmaat, moet haar vreugde en verryking jou enigste motief wees. 'n Ander naam vir die werkery aan huweliksgeluk is liefde.

'n *Sensitiewe verhouding*

Julle weet alles van mekaar. Maar sodra daar onmin is, is dié "alles" net te veel. Jy voel blootgestel. Uitverkoop. Jy is van die ander persoon se welwillendheid afhanklik. Die seerste seer wat 'n huweliksmaat die ander een kan besorg, is om haar of sy private lewe "vir die grap" aan die groot klok te hang. Jy mors dan met iemand se siel. Dit is byna onvergeeflik. Moenie jou vrou ooit voor enigiemand anders verkleineer nie.

'n *Gawe van die Here*

Aanvanklik beskou paartjies die huwelik as 'n gawe van die Here. Baie "oud" getroude paartjies het my egter al besoek omdat hulle glad nie meer so seker was van die waarde van dié geskenk wat God vir hulle gegee het nie. Die grootste oorsaak vir huwelikserosie is dat een of albei van die partye in die ander se oë 'n waardevermindering ondergaan. Sy is nie meer so mooi en lieftallig soos aan die begin nie. Sy is nie meer so inskiklik nie. Sy praat te veel en verstaan nie meer so lekker jou manier van dink en doen nie. Sy staan te veel op haar punte.

Doen gerus die moeite om 'n slag goed na te dink oor hoe jou vrou oor jóú dink. Is jy nog dieselfde bedagsame en minsame man wat haar die jawoord gevra het?

Die beeld van God

Erken God se hand in jou huwelik. Jy sal sy genade in jou vrou se liefde en sorgsaamheid ontdek. Jy maak van jou vrou wat sy is. Jy laat haar so mooi wees as wat sy kan wees. Jou waardering en liefde laat haar 'n beter mens word.

Kommunikasie

'n Egpaar het hulle goue bruilof gevier. Ná al hul vriende en familie huis toe is, maak die vrou vir hulle tee terwyl haar man die broodjies gereed kry. Toe hy vir haar die brood aangee, ontplof sy: "Ná vyftig jaar se getroude lewe gaan ek dit net nie langer verduur dat jy altyd vir my die brood se korsie gee nie!"

Hy was behoorlik uit die veld geslaan. Al wat hy kon antwoord, was: "Maar dis dan die deel waarvan ek die meeste hou."

Kommunikasie is nie 'n vanselfsprekendheid nie. Dis ook baie meer as om net te gesels. Dis begrip vir mekaar wat groei uit 'n luister na mekaar, 'n rááksien van mekaar. 'n Mens ervaar iemand anders in goeie kommunikasie. Daarom kan kommunikasie woordeloos wees. Wanneer jy praat, moet jy praat om gehoor te word, moet jy sê wat gehoor kan word. Jou kommunikasie moet dus positief en verrykend wees.

In enige goeie huwelik bestaan iets soos spontane en impulsiewe kommunikasie, om sommer net te sê wat in jou kop kom. Maar dit kan net regtig slaag as dit gedra word deur sinvolle kommunikasie, 'n doelgerigte poging om mekaar na die hart te praat.

Hoe dikwels sê jy vir jou vrou dat jy haar liefhet? Hoe dikwels betuig jy waardering vir haar voorkoms? Hoe goed luister jy na haar mening oor sake van die dag? Hoe dikwels gee jy erkenning aan haar persoonlike mening? Hoe dikwels laat jy haar toe om sommer net te klets oor haar vriendinne of die kinders? Hoe dikwels hou jy haar hand vas wanneer julle saam na musiek luister of in die reën gaan stap?

Kommunikasie vind plaas wanneer twee harte resoneer. Wat presies die meeklink veroorsaak, maak nie saak nie. Dit

kan woorde wees, óf 'n aanraking, óf twee paar oë wat ont-
moet.

Is daar in jóú huwelik goeie kommunikasie?

Respek

Respek is 'n kosbare skat. Moet nooit jou respek vir jou vrou
verloor nie. Moenie dat sy vir jou respek verloor nie. Binne-
in elke mens is die ou, lelike sondaar vasgevang. Jou gods-
diens en soms ook jou kultuur hou hom redelik suksesvol
gevange. Maar onder druk kom wys hy gesig. En wat 'n lelike
gesig het dié ou nie! Sommer heel skrikwekkend.

Die tragiek is dat jy hom toelaat om die meeste van die tyd
sy gesig by die huis te wys. Asof dit daar nie soveel saak
maak nie. Dan moet jou vrou – die persoon vir wie jy glo die
liefste is – dié ondier met sy lelike woorde en gedrag en
gesindheid verdra. Is dit billik? Is sy nie juis die een wat die
beste teen die boosheid beskerm moet word nie?

'n Mens gebruik nie jou huwelik om jou binneste te stoom-
skoonmaak nie. Betoon respek vir die vrou wat jou vereer het
om van jou (met al jou skete en gebreke) haar lewensmaat te
maak. Sy verdien 'n medalje. Gee vir haar 'n goeie "gesig" so-
dat sy haar respek vir jou sal behou. Gesels met haar oor jou
probleme. Onthou, sy is nie jou slaansak nie.

Die ander vrou

Jy is 'n man. Jy kan nie help dat jy oë het nie. Jy is so gemaak.
Jy kan ook nie help dat die voëls oor jou kop vlieg nie, máár
jy hoef nie toe te laat dat hulle in jou hare nes maak nie.

Die ander vrou is en bly 'n groot gevaar. Nie net die een wat
jy so by geleentheid raaksien nie, maar veral dié een wat jy
meer as sien. Dié een wat jy begin begeer en met jou vrou
vergelyk. Op 'n dag begin jy wonder of jy vir ander vrouens
aantreklik of manlik is. En dan probeer jy uitvind.

Wanneer jy dít doen, is jy ontrou en stel jy jou huwelik aan verwoesting bloot. Toegegee: 'n mens kan nie help dat jy tot sekere mense aangetrokke voel nie. Dís die verweer waarmee baie mans vorendag kom. Hulle het niks gesoek nie. Dit het net gebeur. Soos met 'n towerslag. Die begrip, aangetrokkenheid en wedersydse erkenning dat daar iets kan gebeur, moet jy ongedaan maak. Jy is getroud. Jy het trou beloof. Die Spreukeskrywer sê jy moet uit jou eie fontein gaan drink. Anders gaan jy (en die ander vrou) dalk 'n ramp veroorsaak. Wie gaan almal seerkry? Is dit die moeite werd?

Volmaak?

Nee, jou vrou is nie volmaak nie. Maar jy ook nie. Hoe lank sal dit neem voordat die ander vrou dit uitvind? Wat maak jy dan? Begin jy weer rondkyk? As ek die Bybel reg verstaan, is nie jy of jou vrou volmaak nie, maar julle moet mekaar tot vervolmaking begelei. Wat beteken: die naaste wat jy ooit aan volmaak sal kom, is met die hulp van jou vrou. Dis hoekom sy die "hulp wat by jou pas" genoem word. Sy is die een wat inpas, wat jou help om die legkaart van jou lewe te voltooi. Dis hoekom God haar vir jou gegee het. En as Hy dink sy is jou passtuk, moet jy nie 'n ander "stuk" daar probeer inforseer nie. God hou nie daarvan nie.

Jou huwelik moet 'n vreugde-ervaring wees. Dit sal ook wees indien jy bereid is om jou verantwoordelikhede behoorlik na te kom – veral die verantwoordelikheid om lief te hê.

Die Duitse teoloog Helmuth Thielicke vertel van die bejaarde egpaar wat vir hom 'n toonbeeld van huweliksgeluk was. Hy sê dat veral die ou dame 'n lewensvreugde uitgestraal het. Sy was oud en kon skaars beweeg vanweë artritis. Thielicke het gewon-

der waar dié besondere lewensgeluk vandaan kom.
Toe hoor hy hoe die egpaar met mekaar praat en sien
hoe hulle mekaar met hulle oë vertroetel. Toe kry hy
die antwoord: die ou dame weet wat dit beteken om
bemin te word.

Hemelse Vader,
ek weet dat my huwelik 'n kosbare gawe van U is.
Dankie daarvoor
én vir haar met wie ek dié gawe mag deel.
Ek bely dat ek die gawe nie genoeg waardeer nie,
omdat ek haar nie genoeg na waarde skat nie.
Help my om die wonder van die liefde wat U vir ons gegee het
nooit gewoon en alledaags te vind nie;
om die vreugde van ons eenheid
nooit te laat verdonker deur my selfsug nie.
Help my om so na haar te luister
dat ek haar kan verstaan;
om op haar vrae só te antwoord
dat sy graag na my sal wil luister.
Help ons om die woord "mekaar"
tot sy volle betekenis te ontgin en te beleef,
sodat saamwees in al sy ryke skakeringe
vir ons enduit 'n lewensvreugde sal wees.
Amen.

*G*esin

Net so besonders as wat jou verhouding met jou vrou is, is jou gesinsverhouding. Die kommunikasie met die span – vrou en kinders – vra net soveel beplanning, inspanning en tyd.

Dis nou 'n kwessie van oortuiging. Glo jy wanneer ek sê gesinsverhoudinge is baie belangrik? My vrou se ouma het die manier gehad om rustig na 'n goeie redenasie te luister. Ewe kopknikkend, kamma instemmend. En sodra jy dink dat jy jou saak duidelik gestel en haar sonder twyfel oortuig het, het sy jou vierkant in die oë gekyk en gesê: "Nee wat, dit word nie vir my waarheid nie." Hoe baie van ons is nie hiéraan skuldig nie. Ons hoor dis belangrik om saam met ons gesin goeie kwaliteittyd deur te bring. Ons glo dit. Ons doen dit net nie. Hoekom nie?

*P*rioriteite

'n Mens se lewe word dag na dag deur besluite oorheers. Jy besluit in die oggend om óf dadelik op te staan, óf die wekker dood te druk en verder te slaap, óf om 'n rukkie wakker te lê en die dag vlugtig in oënskou te neem. Jy besluit watter ontbytkos jy gaan eet. Jy besluit watter roete om werk toe te ry. By die werk word jy voor nóg keuses gestel. So gaan die dag aan ...

Die meeste van jou besluite is nie moeilik nie, want jy het 'n ingeboude besluitregister. Jy oefen vroegtydig 'n keuse uit – óf omdat dit jou pas en jy daarvan hou, óf omdat dit as die beste moontlikheid bewys is. Jou motief vir elke besluit is belangrik.

Jy het vroeër besluit wat vir jóú die beste sou wees. Nou moet jy besluit of jy tyd aan jou gesin gaan afstaan, hoeveel en wanneer. Wat besluit jy? Dink jy eers wat vir jou die beste sal pas? Verkeerd! Want dan is jy 'n vrotsige eggenoot en 'n nog slegter pa. Waar kom jy daaraan dat jy die belangrikste mens in die huis is? Dat daar vir jou koffie aangedra moet word en dat jy tog net nie gesteur moet word nie? Wat laat jou dink dat elke Saterdag 'n heilige dag is wat vir jóú gholf opsy gesit is en dat niks en niemand anders daarop aanspraak mag maak nie? Jý sal jou beginsels moet heroorweeg.

Wie is die "mense by die huis"?

Wie is die mense wat elke dag vir jou by die huis wag? Hulle is jou verantwoordelikheid. En moenie dink jou verantwoordelikheid het net te doen met die voorsiening van kos en klere en ander lewensbehoeftes nie. Daar is twee belangrike dokumente wat die aard van jou verantwoordelikheid bepaal: die huweliks- en doopformulier. Nie een van dié twee formuliere (waarop jy plegtig voor God en sy gemeente "ja" gesê het) sê iets van geld nie. Hierin gaan dit oor meelewing en opvoeding. Die mense by die huis is 'n vrou en kinders wat jy liefhet. Liefde word nie met kos en geld afgehandel nie. Liefde word geleef. En dít vra tyd.

Jou kinders het jou nodig

Iemand het gesê dat armoede oorerflik is – jy kry dit by jou kinders. Daar is baie staaltjies oor watter finansieel uitputtende wesens kinders kan wees. Maar pa's moet tog nie dink dat hulle verantwoordelikheid teenoor kinders met geldelike voorsiening afgehandel word nie.

Kinders gaan deur verskillende groeifases waarin ouers 'n belangrike rol speel. Hulle koester 'n bepaalde verwagting van hulle ouers. Kinders maak van hulle ouers rolmodelle.

"My pa sê ..." en: "My ma sê ..." is deel van 'n kind se woordeskat.

'n Sielkundige is ontbied na 'n kleuterskool (waar sy eie seuntjie is) om 'n sekere kind se gedrag te evalueer. Hy het so half ongemerk gaan sit tussen die kinders waar hulle in die sand gesit en speel het. Sy eie seuntjie was deel van 'n klein groepie daar naby wat besig was om die bekende speletjie "My pa is ..." te speel.

Die eerste kind sê toe: "My pa is 'n dokter en maak baie geld."

Die tweede een het gesê: "My pa is 'n sakeman en vlieg oral rond."

"Dáár is my pa!" kom sy seuntjie se antwoord toe. Sy pa se teenwoordigheid was 'n sterker argument vir 'n goeie pa as enige ander hoorsê-getuienis.

Wat is jou antwoord op:

Hoe ken jou kinders jou?

Hoe ervaar hulle jou? Is jy altyd te moeg om te speel of na hulle te luister? Kinders is fyn waarnemers. Hulle leer ken die lewe deur jou oë.

Is jy tevrede met die indrukke wat jy op jou kinders agterlaat? Hoeveel tienerseuns moet by ander die feite van die lewe hoor omdat 'n pa nooit die moeite gedoen het om sy kind hieroor in te lig nie?

Watter rol speel jy in jou kind se ontwikkeling op verskillende terreine?

Hoeveel aanmoediging kry hulle van jou? Of: kruip hulle ineen van die kritiek wat jy uitspreek?

Miskien klink hierdie vrae onvriendelik. Jy probeer waar jy kan jou bydrae lewer. Jy is nié die slegste pa wat jy ken nie. Jy gee so baie vir hulle, maar dit lyk asof hulle dit nie eens waardeer nie. Wat jy sê, maak ook nie regtig saak nie. Jou vrou, die skool en kerk doen goeie werk. Jy is mos nie 'n deskundige op elke terrein van die lewe nie. Wanneer jy dink hoe jý grootgeword het, is jou kinders nog 'n paar lengtes voor.

Wat probeer jy met al dié flou verskonings bewys? Géén verskoning is goed genoeg vir jou afwesigheid en gebrek aan warmte en belangstelling nie. Jy probeer wel, maar is dit genoeg? Het jy vergeet dat jy as hulle pa 'n verantwoordelikheid teenoor jou kinders het? Dit vra begeleiding. En daarom sal jy tyd moet inruim om met hulle te verkeer. Jy moet fisiek in hulle lewe teenwoordig wees.

"Met mekaar"

In elke gesin is daar die "met mekaar"-komponent. Dit is die onontbeerlike bestanddeel vir 'n gelukkige gesinslewe en vir die gesonde groei in kinders se lewe.

Ek onthou nog die reuk van my pa se skeerroom wanneer ons Sondae saam kerk toe gery het. Ek onthou die reuk van sweet en grond wanneer ons saam uieplantjies geplant het. Ek onthou die lamplig op sy gesig wanneer hy saans huisgodsdiens by die kombuistafel gehou het.

Van tuinmaak gepraat – dis 'n ideale manier om tyd saam met jou kind deur te bring. Om sáám iets aan die groei te kry en die vrug te pluk, is 'n lewensimboliek. Om deel te hê aan die lewe is 'n Godswonder. Ons moet dié wonder met ons kinders deel. Ons moet hulle leer om die wonder van die lewe te bewonder.

Ek skaam my dat ek so min vir dié soort van dinge tyd gemaak het. Die keer toe ek wel ewe kordaat, vol verwagting, my kleingoed opgekommandeer het vir 'n tuinmakery het alles van die begin af skeef geloop. My stadskinders was nie dié kultuur gewoond nie. In plaas daarvan dat ek hulle stadig en rustig daartoe begelei, kry ek byna die aapstuipe toe een van hulle sy neus optrek vir die grond wat vuil is. Bid jou aan, om te dink dat grond vuil is! Ek het darem tot besinning gekom en hard probeer om by my kinders 'n waardering vir die natuur te kweek. Vandag is dit vir my baie lekker wanneer een van hulle spontaan vertel hoe mooi die see en die berge en die blomme is.

Die "met mekaar"-oomblikke is kosbaar en onverhandelbaar. Geld vir fliek is 'n beledigende plaasvervanger vir 'n aandjie saam om die braaivleisvuur of in die natuurtuin of langs die see. Moenie jou verantwoordelikhede probeer afkoop nie. Dis duur geld daardie. Daar kom 'n dag wanneer jou kind die fliek lankal vergeet het en vir jou probeer onthou. En al wat hy onthou, is 'n pa met 'n oop beursie.

Wil jy nie opnuut probeer om jou kinders te leer ken nie? Nog beter: gee vir hulle die kans om hulle pa te leer ken. Wees daar vir mekaar omdat julle tyd maak om saam deur te bring.

Godsdiens

Ek het my voorgeneem om nie prekerig te wees nie. Ek sal nie. Maar jy sal verstaan as ek sê dat jy nie jou pa-wees kan losmaak van jou Christenwees nie. Die manier waarop jy met God kommunikeer, sal ook jou kommunikasie met jou gesin deursuur. Ek het reeds gesê dat die huweliks- en doopformulier jou verhouding met jou gesin bepaal. Kry dit gerus in die hande en lees dit. Jy het daarop "ja" geantwoord. Het jy genoeg integriteit om daardie "ja" in die praktyk te gaan uitleef? Is jy 'n man van jou woord?

Lees die volgende aandagtig deur:

Ruim elke dag tyd in om saam met jou gesin 'n paar verse uit die Bybel te lees, daaroor te gesels en saam te bid. Gee vir hulle hierdie sigbare demonstrasie van gesinsekuri-

teit. Laat hulle weet dat jy in die God van die verbond glo –
dié God wat aan sy woord en beloftes getrou bly; dié God
wat sy deel van die huwelikskontrak en die doopverbond
nakom; dié God wat man en vrou in liefde saambind en
ouers en kinders in die kontrak van sy verbondsliefde
omarm. Die laaste woord bly die waarste woord: 'n geluk-
kige gesin is die gesin wat die Here dien.

Here,
baie dankie vir die mense wat ek
my gesin mag noem – vrou en kinders –
my verantwoordelikhede en my voorreg.
Ek kla soms oor die eise wat my gesin stel.
Ek raak moeg vir rekeninge en goed wat breek;
vir kinderkrisisse en allerlei huismoles;
vir die tyd en energie wat gesinwees verg.
Help my om altyd te onthou dat
ek by U vir my gesin moet verantwoording doen –
dat ek geroep is om die spanleier te wees;
dat ek bevoorreg is om hulle te versorg;
dat ek moet sorg dat my gesin 'n gelukkige tuiste het.
Help my om verdraagsaam te wees,
om te luister,
om begrip te hê,
om liefde te gee.
Here, help my om my gesin te begelei
op die pad van u Woord.
Amen.

*O*uers en skoonouers

Die strokieskarakter Prinsloo en sy vrou sit en koerant lees. Dan verdonker sy gesig skielik en hy sê vir sy vrou: "Jou ma is op pad. Ek het 'n besem hoor intrek."

Die onuitstaanbare heks van 'n skoonma is nog een van die klassieke tragedies. Net soos met 'n ongelukkige huwelik word daar na hartelus die spot gedryf met 'n skoonma wat op allerlei diaboliese maniere die lewe vir haar skoonseun versuur. Ek is jammer as jy dalk so 'n skoonma het. Ek het nog nie so iemand teëgekom nie. Behalwe natuurlik in strokiesprente. En dit wil natuurlik 'n punt tuisbring: daar bestaan wel ongelukkige skoonfamilieverhoudinge. Weliswaar nou nie regtig so erg soos wat Andy Capp en kollegas dit maak nie, maar almiskie. As ander mense dit ondervind, is jy ook aan die moontlikheid blootgestel. Daarom moet ons so 'n bietjie oor skoonma en skoonpa gesels.

Kom ons begin eers by jou eie ouers.

'n *K*ind bly 'n kind

Toe my dogter trou, het ek besluit om in my pasoppens te bly. Sy is nou andermansgoed. Ek moet ophou om haar voor te skryf en op koers te probeer hou. Maar watwo! Ten spyte van my beste voornemens was dit nie lank nie of ek sê al weer wat reg is en hoe dinge gedoen behoort te word. Hulle is nog kinders en ek weet waarvan ek praat.

Dit kos kophou om jou groot mond te hou. Selfs ouer mense sukkel nog daarmee. Jy moet egter maar sukkel, anders is daar moeilikheid. As jou goedbedoelde raad vir ander mense 'n pyn in die nek word omdat hulle dit as inmenging ervaar, is die skrif teen die muur. Een ding is egter seker: 'n kind bly 'n kind. Jy besef dít eers wanneer jý die kind met die vlerke is en jou ouers wil met jou vlieër speel.

Vlerke of vlieër?

'n Ouer moet kan leer dat sy kind op 'n dag sy vlerke kry. Hy het jare lank probeer om sy kind te leer vlieg. Die regte voorbeeld probeer stel, die regte opvoeding probeer verseker. Maar op 'n dag moet die kind self vlieg. Dis dán dat so baie ouers (soms onwetend) maak asof hulle kinders vlieërs is. Hulle wil steeds die tou vashou, die koers bepaal, intrek wanneer nodig. En dán kom die konfrontasie en konflik.

Hoe hanteer 'n mens dit? Veral as jy die kind is? Maklik. Vertel vir jou ouers dat jy nie 'n vlieër is nie, dat jy nie gemanipuleer wil word nie. Dalk het hulle nog nie so daaraan gedink nie. Ek het nie so daaraan gedink nie. Al wat ek wou doen (so het ek gemeen), was om my kinders te help. Hulle is immers my kinders.

Kommunikasie

Soos in alle verhoudings speel goeie kommunikasie ook hier 'n baie groot rol. Jy en jou ouers moet na mekaar lúister. Wanneer hulle iets wil sê, moet jy hulle kans gee om klaar te praat. Selfs al het jou pa 'n siniese uitdrukking op sy gesig as hy oor jou planne praat en al vra jou ma of julle darem gesonde kos eet. Luister na die stem van hulle hart agter die woorde wat jy soms irriterend vind. Vra jou af waarom hulle so "bemoeisiek" is. Meesal sal jy moet toegee dat dit niks anders as ouerlike besorgdheid en opregte liefde is nie.

Ouers moet egter leer dat liefde op die regte manier oorgedra moet word. Daaroor moet julle soos grootmense met mekaar praat. Sodra hulle agterkom dat jy begrip vir hulle harte het, sal hulle tog nie anders wil as om die behoeftes van jou hart in berekening te bring nie. Jy sal ontdek (eers wanneer jy self groot kinders het) dat 'n ouer dit net nie reg kry om sy sin van verantwoordelikheid prys te gee nie. Miskien moet jy daaroor bly wees. Dis juis op grond van dié pligsbesef dat jy so groot gemaak is en waaraan jy jou staan in die lewe te danke het.

Waardering

'n Ander positiewe manier van kommunikeer is om waardering te betoon. Begin voor: erken jou ouers se meerdere ervaring. Vra hulle raad. Laat hulle goed verstaan dat jy nie voorskrifte vra nie, maar raad. As jy anders as hulle raad besluit, kan jy by geleentheid verduidelik. Die belangrikste is dat jy vir hulle erkenning sal gee, en waar toepaslik ook waardering.

Jy moet onthou dat jy vir jou ouers kosbaar is. Jy was jare lank van hulle sorg afhanklik. Miskien het hulle te besitlik geraak. Nogtans het hulle 'n reuse rol in jou opvoeding gespeel. Hulle is nou van jou afhanklik deurdat hulle wil sién dat hulle nog 'n rol het om te vervul. Waardeer hulle en bewys dit deur vir hulle op 'n verantwoordelike wyse 'n plek in die rolverdeling van jou en jou gesin se lewe toe te ken.

Konflik

Dit gebeur dat die beste bedoelinge tussen mense skeef loop. Op 'n dag is jou draad net te kort, of jou vrou verloor haar humeur, of jou pa is darem net te skerp in sy kritiek. Miskien behandel jou ma jou soos 'n stout kind voor jou eie kinders. Die vonke spat. Dis 'n gehiernatoe en 'n gedaarnatoe en 'n gestoei met woorde en later trane en deure wat klap en tasse wat gepak word en ongelukkigheid.

Pasop! Iemand moet nou kop hou. En jy is die hoof van die huis, nie waar nie? Nou goed, gebruik dan jou hoof. Moenie kwetsende dinge kwytraak nie. As ander met persoonlike aanmerkings vorendag kom, moet jy dit probeer temper.

Bring die mense tot bedaring. Sorg vir die water óp die vuur en nie vir die vet ín die vuur nie.

Roep jou stomende vrou gou kamer toe en beloof vir haar 'n stukkie hemel as sy net haar mond sal hou. As dit jou eie bloeddruk is wat opgejaag is, gaan self kamer toe en doen gou 'n klompie armstote. Nog beter: maak jou oë toe en vra dat God vir jou vrede sal gee en van jou 'n vredemaker sal maak. Die gevare van so 'n konfliksituasie is dat dít wat in 'n oomblik van woede gesê is, gewoonlik onthou word en nie maklik van ontslae geraak word nie.

Skoonouers

Dieselfde reëls wat vir jou kommunikasie met jou eie ouers geld, geld ook vir dié met jou skoonouers. Vanselfsprekend staan jy nie in dieselfde noue verhouding met jou skoonouers as met jou eie ouers nie. Daar is nie bande van bloed wat julle bind nie.

In die vryersdae kry 'n man dit dikwels opdraand by die skoonouers. Watter pa gee dan nou graag sy dogter vir 'n ander man weg? En tussen 'n ma en haar dogter bestaan 'n onlosmaaklike band. Wee die man wat aan daardie band begin torring!

Met dié feite moet jy rekening hou. Moet nooit die oorsaak wees van 'n wig tussen jou vrou en jou skoonouers nie. Moenie jou vrou in 'n situasie laat beland waar sy moet kies tussen jou en haar ouers nie. Jy weet dat sy vir jou sal kies. Maar is dit 'n billike keuse om aan haar te stel? Kan die probleem wat tot so 'n keuse aanleiding gee nie liewer op 'n vriendeliker manier uit die weg geruim word nie?

Bondgenoot en vriend

My beste raad aan jou is: maak jou skoonouers jou bondgenote. As hulle so 'n agtermekaar dogter kon grootmaak, moet daar iets in hulle steek, of hoe? Soek dié eienskappe in hulle wat jy waardeer en erken hulle daarvoor. Vra hulle raad. Bewys jouself as 'n verantwoordelike persoon. As hulle dogter gelukkig is, sal hulle ook tevrede wees. Konflik met skoonouers is gewoonlik 'n tweedefase-konflik. Dit volg op konflik tussen man en vrou. Hou jou vrou gelukkig en jy sal goeie skoonouers hê.

Aangesien jou eie ouers en jou skoonouers nie in dieselfde verhouding tot jou (of jou vrou) staan nie, moet julle albei daarmee rekening hou. Bloed is in hierdie geval dikker as water. Moenie verwag dat jou vrou net so lief en onderdanig teenoor jou ouers as teenoor haar eie ouers sal wees nie. Sy moet dieselfde van jou ook weet. Dit sal goed wees as elke huweliksmaat binne die ruimte van die huwelik verantwoordelikheid vir sy of haar eie ouers sal aanvaar.

Byvoorbeeld: as jy sien dat jou ma vir jou vrou 'n klip in die skoen raak, is dit nie genoeg om jou vrou te probeer oortuig dat jou ma dit goed bedoel nie. Gaan praat rustig met jou ma en oorreed haar op 'n mooi manier om jou vrou toe te laat om haar eie kos te kook en haar eie kinders groot te maak.

Pasop vir kwetsende aanmerkings oor jou vrou se ouers. Sy ervaar dit persoonlik. Jy maak nie jou moeilike skoonma daarmee seer nie, maar wel jou vrou wat dit sekerlik nie verdien nie. Wees versigtig hoe jy voor jou kinders oor jou skoonouers praat. Dis snaaks watter goed kinders kan oorvertel.

Op 'n positiewer noot: ek glo die meeste getroudes kan van gesonde en uitstekende skoonouerverhoudinge getuig. Volwasse mense kry dit reg om die kreukels wat in enige verhouding voorkom, netjies uit te stryk. Ek het vir my skoonpa die grootste respek gehad en my skoonma het mettertyd my eie ma se plek in my lewe ingeneem. Ek kan aan my skoonouers dink as mense wat my lewe verryk het – nie net met die dogter wat hulle (miskien aanvanklik teësinnig!) aan my afgestaan het nie, maar veral ook met hulle ondersteuning en liefde.

Hemelse Vader,
baie dankie vir my ouers –
die twee mense by wie ek kon leer om te lewe.
Dankie vir hulle sorg en liefde.
Dankie dat ek by hulle baie meer ontvang het
as kos en klere en skoolgeld,
soos die weelde van lewenswysheid, lewensvreugde,
lewenswaardes.
Baie dankie dat hulle die mense is wat
my die pad na U beduie het.
Leer my om in woord en daad en gesindheid
aan hulle eerbied te bewys.
Vir my skoonouers, Here,
wil ek ook dankie sê –
eerstens vir die uitsoekdogter wat
hulle aan my afgestaan het,
en ook vir hulle liefde en begrip,
belangstelling en ondersteuning.
Here, seën dié twee ouerpare
wat vir my en my vrou die lewenspad voorberei het
en met hulle opvoeding ons karakters help vorm het.
Laat ons so lewe dat hulle in ons en ons kinders
die vreugde van die vrug op hulle opvoeding sal ervaar.
Amen.

Vriende en bure

Jou bure is nie noodwendig jou vriende nie. Soms gebeur dit dat goeie vriende bure word .... en dan nie meer goeie vriende is nie. Soms word onbekende bure goeie vriende. Bure kan ook slegte vriende wees. Dit klink bra deurmekaar, maar so al geselsend sal ons seker die spul ontrafel kry.

Mense met wie jy bind

In die afdeling *Die man op soek na* het ons oor vriendskap gesels. Vriendskap is belangrik. 'n Mens sonder vriende is nie volledig mens nie. God het ons geskape om mense-in-verhoudinge te wees. Al die verhoudinge waarin ons staan, verskil ten opsigte van intimiteit en vertroulikheid. Die huweliksverhouding is die intiemste en vertroulikste. Maar jy leef nie net in jou huis nie. Jy het dag na dag met 'n groot verskeidenheid mense te doen. In die wêreld daarbuite soek jy ook na goeie verhoudinge, na mense met wie jy op 'n besonderse manier kan bind. Jy noem hulle jou vriende.

Maar ook hier – in die sogenaamde vriendekring – moet jy onderskei tussen diegene wat regtig naby jou is en ander wat baie ver op die rand van vriendskap lê. Ek ken mense wat na elke kennis (hoe terloops ook al) verwys as "'n goeie vriend". Hulle wek die indruk dat hulle met die hele wêreld goeie vriende is, maar by nadere ondersoek ken die "vriende" mekaar skaars. Daarom moet jy 'n basiese definisie vir vriendskap hê.

Wanneer noem jy iemand jou vriend? Wat is jou vereistes vir vriendskap?

*D*ie verantwoordelikheid van vriendskap

In ons eerste gesprek oor vriendskap het dit vir my gegaan oor die soeke na vriendskap. Ek wil nou graag die lig draai na die verantwoordelikhede van vriendskap. Daarom gaan dit nie oor hoe die ander persoon moet wees nie, maar oor die kwaliteit van jóú vriendskap met ander.

Vriendskap stel eise. Jy kies jou vriende op grond van gemeenskaplike belangstellings. Soms vind julle net aanklank by mekaar. Jou vriende is mense by wie jy graag kuier, na wie jy luister, saam met wie jy 'n stukkie vleis op die kole sal braai.

'n Mens kan sê dat die keuse vir vriendskap uiteraard selfsugtig is. Jy kies tog nie 'n vriend ná 'n deeglike ondersoek net op grond van wat hy alles vir jou kan beteken nie! Wanneer jy 'n vriend kies, bring dit verantwoordelikhede mee. Jy kan nie net altyd uit 'n vriendskapsverhouding tap wat jy nodig het sonder om ook iets daarin terug te sit nie.

*V*errykend

Jy moet probeer om jou vriende se lewens te verryk. Wees beskikbaar. Probeer hulle behoeftes raaksien. Gee raad en daadwerklike bystand wanneer hulle dit nodig het. Maak tyd vir gesels. Stel 'n goeie voorbeeld. Moenie huiwer om jou oortuiginge met jou vriende te deel nie. Dis 'n oppervlakkige vriendskap wanneer julle mekaar se diepste oortuiginge nie eens ken nie, want twee vriende se hartklop moet in pas wees. Myns insiens (en ook dié van Paulus) is dit onmoontlik vir 'n Christen om 'n goeie vriendskap met 'n wêreldling te hê. Dit sal beteken dat hy dié een saak wat sy lewe reël, wat die uitgangspunt vir al sy verhoudinge moet wees, nie met sy vriend kan deel nie (2 Kor. 6:14-7:1).

Die weelde van vriendskap

In 'n vriendskapsverhouding moet 'n mens jou hart kan oopmaak. Jou vriende moet hulle harte ook vir jou oopmaak. Hulle moet ontspanne en sonder inhibisies in jou teenwoordigheid kan verkeer. Daarom is vertroulikheid een van die basiese vereistes vir 'n goeie vriendskap. Jy praat nie uit nie. Jou vriende se diepste gevoelens en geheime moet by jou veilig wees. Hulle moet vry voel om voor jou te praat sonder die vrees dat jy hulle in die rug sal steek.

Oscar Wilde het gesê 'n vriend is iemand wat jou in die maag steek! As daar dan "gesteek" moet word, doen dit binne die ruimte van julle verhouding. Vriende aanvaar mekaar se kritiek. Gee vir jou vriende raad – selfs ongevraag – omdat julle mekaar vertrou en weet dat die raad altyd goed bedoel is.

Vermaan mekaar as dit nodig is, sonder om gedurig bemoeisiek en oorkrities te wees. Die weelde van vriendskap is juis dat die vertrouensverhouding die ruimte skep vir spontane verkeer. Die Spreukeskrywer som dit raak op as hy sê: "Op 'n vriend wat jou seermaak, kan jy reken; iemand wat jou haat, is oordadig met sy soene" (Spr. 27:6).

Wat jy daarin sit

Vriendskap is nie 'n plantjie wat vanself bly groei nie. Dit is vir my die tragiese verloop van sake, veral by die manlike geslag. In 'n sekere stadium van jou lewe is jy so besig om jouself in 'n beroep te probeer bewys en daarby darem nog die tyd te vind om aan jou gesin aandag te gee, dat kosbare vriendskappe in die slag bly. Op 'n dag ontdek jy dat jy jou vriende iewers langs die pad verloor het. Wanneer jy terugkyk, sien jy dat die fout dikwels by jouself te vind is ...

Jy het net nie meer hulle besoeke of telefoonoproepe beantwoord nie. Met 'n laaste besoek was jy sigbaar ongeduldig en het gedurig gepraat van jou vol program. Jy het die heeltyd net oor jouself gepraat.

Vriendskap verstik in selfsug. Dit groei net in liefde. As jy nie vriende het nie, moet jy miskien 'n slag gaan nadink. Het jy genoeg in jou vriendskappe ingesit? Miskien moet jy ook hier selfdissipline toepas. Teken op jou besige program 'n tyd aan om vir 'n vriend te gaan kuier. Beskou dit as 'n vaste afspraak wat nie afgestel mag word nie.

*B*ure plesier ... of sonde met die bure?

'n Mens kies jou vriende, maar jy koop 'n huis. Dit beteken dat jy jou bure nie kies nie, maar op die koop toe kry. Dit kan 'n goeie óf slegte pasella wees. Jy moenie verwag dat jy met al jou bure goeie vriende gaan wees nie. Dit sal darem te veel gevra wees om te verwag dat julle belangstellings en geaardhede, ouderdomme en oortuiginge in alle gevalle sal ooreenkom. Of dat selfs julle honde mekaar se grondgebied sal erken. Een feit bly egter staan: bure sal jy hê en met bure sal jy rekening moet hou. Goeie buurskap kan vir jou goud werd wees. En slegte buurskap kan van die onaangenaamste ondervindinge denkbaar wees.

'n Mens moet jou bure so gou moontlik nadat jy by 'n plek intrek (of hulle langs jou intrek), evalueer. Jy gaan teen wil en dank met hulle 'n verhouding hê. 'n Bekendstellingsbesoek is dus nodig. Dit is in elk geval 'n vriendelike gebaar om mense te besoek kort ná hulle ingetrek het en hulp en raad aan te bied. Vriendelikheid is die beste brugbouer. By so 'n geleentheid kan jy uitvind aan watter kerk die mense behoort en of hulle raad nodig het oor die naaste skole. Vertel hulle waar die sakesentrum is en verskaf noodtelefoonnommers. Pasop om te vinnig te innig te raak. Leer mekaar eers rustig ken.

As julle nie met mekaar stryk nie, handhaaf 'n goeie, oppervlakkige verhouding met mekaar. Dis nie regtig nodig om vriende te maak ten einde goeie bure te wees nie. 'n Hoflikheidsbesoek so af en toe kan vir jou 'n goeie polis wees teen inbraak en diefstal as gevolg van jou bure se wakende oog. Wees van jou kant ook opmerksaam wat hulle belange betref.

*P*asop vir jou bloeddruk

Ongelukkig gebeur dit dat bure by geleentheid mekaar se bloeddruk opjaag. Dit kan selfs tussen goeie bure gebeur. Die eintlike probleem is egter dié mense wat net eenvoudig geen respek of begrip vir ander openbaar nie. Dis die laatnag opskoppers; die mense wat hulle komposhoop teen die grensdraad langs jou kombuis maak; dié wie se gaste keer op keer voor of selfs in jou oprit parkeer; die leners wat nie terugbesorg nie en vergeet dat hulle geleen het; die mense wie se honde onophoudelik tjank wanneer hulle naweke weggaan ...

Moenie toelaat dat dié moeilikhede jou tot raserny dryf nie. Probeer konfrontasie vermy. Die Spreukeskrywer gee dié goeie raad: "Moenie te haastig teen jou buurman 'n klag indien nie; wat sal jy agterna doen as hy jou belaglik maak?" (Spr. 25:8). Gesels liewer oor 'n koppie koffie oor alles (indien die verhouding dit nog moontlik maak). Wees toegeeflik, maar stel jou kant van die saak duidelik en ferm. Onthou, die beskaafde en billike persoon in alle omstandighede is die sterker een. Moenie toelaat dat ander mense se onbeskoftheid vir jou tot dieselfde taktiek dryf nie.

Liewe Here,
ek is nie 'n goeie vriend nie –
nie soos Christus vir my die voorbeeld gestel het nie.
Selfs my vriendskappe word so maklik
deur selfsug en eiebelang besoedel.
Help my om 'n vriend te wees
sodat ek vriende kan hê.
Help my om so vir my vriende om te gee
dat ek van my kosbare tyd aan hulle sal afstaan
en hulle sal ondersteun wanneer hulle dit nodig het.
Help my om iets van u oorvloedige vriendskap
na die lewens van my vriende te kanaliseer
sodat hulle ook u vriendskap deur my sal ervaar.
Dankie vir die goeie bure wat U vir my gegee het –
mense wat belangstel en omgee en betrokke is
wanneer ek hulle regtig nodig het.
Here, gee dat die minder vriendelike bure
tog rede sal hê om dankbaar te wees
dat hulle my vir 'n buurman gekry het –
laat ek deur my optrede teenoor hulle
die warmte van u liefde deurgee.
Amen.

65

Die mense by die werk

Die mense saam met wie jy werk se rol in jou lewe mag jy nie onderskat nie. Tel al die ure bymekaar wat jy per week saam met kollegas deurbring en daarna dié wat jy saam met jou vrou deurbring. Die resultaat van jou som behoort interessant te wees. Jou antwoord sal bewys dat werksverhoudinge nie ligtelik opgevat of geïgnoreer kan word nie.

Moles by die werk

Potifar en Josef – baas en klaas. Josef was aanvanklik heelwat slegter af as jy. Hy was nie 'n werknemer nie, maar 'n slaaf. Van salarisse en bonusse, byvoordele en vakansies het hy niks geweet nie. Van werk het hy gewéét. Hy het sy werk ook goed gedoen. Só goed dat hy spoedig deur 'n tevrede baas met verantwoordelikheid beklee is.

Josef is toe van slaaf tot werknemer bevorder. Sy bankrekening was steeds dieselfde. Werk was vir hom baie meer as dwangarbeid. Dit was sy trots. Toe gaan dit net al hoe beter. Hy word bevorder. Die baas is tevrede en Josef is baie ingenome met sy bevordering, altans, so neem ek aan. Maar toe begin die moeilikheid ...

Daar's 'n meisie by die werk – nogal die baas se vrou – wat vir hom ogies maak. Nes vroumense is – hulle soek die presteerders uit vir 'n verhouding. Josef sê egter: "Nee, werk is werk en hier speel ek nie." Dis reg so. 'n Mens meng nie werk en plesier nie, veral nie wanneer die vrou getroud is met jou baas nie. Draai liewer jou rug en werk dubbel so hard as tevore.

Josef is 'n man van formaat. Hy sê vriendelik: "Dankie, maar nee dankie. Die baas vertrou my." Dit was vir hom baie moeilik, want hy en die vrou was alleen. Daar was niemand wat hulle kon uitvang nie. Die vrou ken nie "nee" vir 'n antwoord nie. Sy vererg haar en maak asof dit Josef is wat die spoor byster geraak het. Die baas kom toe op die toneel af ...

Potifar doen juis wat 'n baas nie moet doen nie. Hy word kwaad voordat hy luister. Hy gee glad nie vir sy werknemer 'n kans om homself te verdedig nie. Daar sit die flinke werker toe in die tronk. Lewenslank.

Gevolgtrekking? Moenie te hard werk nie. Dit bring jou net in die moeilikheid. Of: gee maar liewer toe as die baas se vrou planne maak. Of: sorg dat jy jouself nooit tot in die tronk op-werk nie.

Nee. Nie een van hierdie gevolgtrekkings lyk na die bood-skap wat die Bybel wil deurgee nie. Lees gerus die verhaal verder. Die Bybel leer ons om 'n geheelprentjie te kry van die verloop van sake (ook ons eie sake wat soms lyk asof dit skeef loop). In Josef se geval lyk die geheelbeeld goed. Sy inte-griteit is uiteindelik bewys. Die onregverdigheid het bygedra tot die loutering van 'n onkreukbare karakter.

Josef se storie leer ons: doen jou werk van harte soos vir die Here. Lewer te alle tye jou beste. Sien om na jou baas se belange. Sê "nee" vir versoekings. Bly ook in jou werk aan jou geloofsoortuiginge getrou. Wanneer jy 'n baas is, wees billik deur éérs goed te luister voordat jy kwaad word en allerhande wrede strawwe oplê. En moenie jou vrou verwaarloos nie.

Jou werk

Kennisgewing in 'n staatsdepartement:

 ***In geval van brand ontruim die gebou net so vinnig as wat julle dit elke middag om vyfuur doen.***

Wanneer behoort 'n mens van werk te verander? Wanneer jy meer daarna uitsien om tandarts toe te gaan as na jou werk toe.

'n Man werk nie sommer net by 'n plek nie. Sy werk moet 'n lewensroeping wees. Hy moet hom in sy werk bewys. Sy werk moet sy karakter adverteer. Sy werktrots. Mense wat vir 'n salaris werk en wie se oë die hele tyd op die horlosie gerig is, is nie hulle salaris werd nie.

Werk is 'n kultuur. Dis 'n manier van lewe. 'n Mens se hart moet in jou werk wees, al is dit nie wat jy graag wil doen nie. Jy moet dit so goed doen dat die sukses daarvan vir jou bevrediging sal bied. Gewoonlik bepaal jou gesindheid teenoor jou werk dan ook jou gesindheid teenoor jou kollegas.

'n Verslaggewer het eendag gesels met die werkers op 'n perseel waar 'n katedraal opgerig word. Hy vra toe aan elkeen waarmee hulle besig is. Die een man het baie trots vertel dat hy die kloktoring bou. 'n Ander een het breedvoerig verslag gedoen oor die beligting waarvoor hy verantwoordelik was. Nog een het vertel dat hy die kontrak vir die houtafwerking in die katedraal gekry het. Buitekant was 'n ou man besig om klein, wit steentjies in 'n kruiwa aan te ry. Toe die verslaggewer vir hom vra wat hy doen, was sy trotse antwoord: "Ek bou 'n katedraal."

Dít is 'n skitterende voorbeeld van werktrots. Met só 'n gesindheid kan die frustrerendste werk 'n uitdaging wees.

Wanneer jy die baas is

In die meeste werksituasies bestaan 'n gesagsorde wat meebring dat jy net 'n paar sporte van die leer moet klim voor jy iemand anders se baas is. Soos jy die leer al hoër klim, word jou ondergeskiktes al meer.

Gesag is een van die moeilikste dinge om te hanteer. Party mense sukkel lewenslank om dit behoorlik baas te raak, terwyl ander dit glad nie kan hanteer nie.

Om 'n baas te wees, beteken nie noodwendig dat jy 'n waardige draer van gesag is nie. Hoe doeltreffend jy gesag hanteer, kom jy die gouste agter uit jou werknemers se gesindheid. 'n Man wat weet hoe om gesag doeltreffend uit te oefen, geniet die respek en lojaliteit van sy werknemers. 'n Man wat gesag misbruik, wat mense met dreigemente manipuleer en onregverdige beslissings vel, word gevrees en gehaat. Die resultaat van sy werk sal dit mettertyd bewys. Mense wat met wrewel in hulle harte werk, lewer nooit hulle beste nie. Op die ou end ly produksie en kwaliteit daaronder.

Daar is negatiewe en positiewe faktore wat jou verhouding met ondergeskiktes kan bepaal:

Die negatiewe faktore: oorhaastige oordeel; snedige aanmerkings; sarkasme; vernederende uitsprake; foutvindery; onvriendelikheid; voortrekkery; slawedrywery en woede.

Die positiewe faktore: vriendelikheid; bedagsaamheid; billikheid; erkentlikheid; samewerking; selfbeheersing en geduld.

Die eerste groep hierbo kom soveel makliker as die tweede groep. Jy behoort egter te kan sien dat jy nie met dié negatiwiteit ver sal kom nie. Waar jy jouself op die skaal tussen dié twee uiterstes bevind, sal bepaal hoe 'n gelukkige baas jy gaan wees. Die grootste geheim van 'n goeie baas lê daarin om die resep te vind vir gelukkige werknemers.

As jy die klaas is

Daar is min mense wat nie vir 'n baas werk nie. 'n Mens moet iewers begin, en dis gewoonlik in 'n werksituasie waar jy aan ander mense verantwoording verskuldig is. Hierdie situasie verander met verloop van tyd, maar die meeste mense bly lewenslank aan 'n hoër gesag onderworpe. Om aan gesag onderworpe te wees, is nie 'n vernedering nie, mits jy al geleer het wat dit beteken om nederig te wees. Daar is min dinge so irriterend as 'n verwaande werknemer wat meen dat hy die lewe en in besonder sy baas 'n guns bewys deur net dáár te wees. 'n Mens se lewe draai wel grotendeels om jouself. Maar wanneer jy jouself liefhet, sal jy gou leer wat vir jou goed is. En dit is verwaandheid beslis nie.

Die eerste les vir 'n gelukkige verhouding met jou baas is: wees nederig genoeg om bevele te aanvaar en uit te voer. Verdien jou meerderes se respek en waardering. Volg die Bybelse riglyn om nie jou werk vir mense te doen nie, maar vir die Here. Doen dit daarom so goed as moontlik. As die Here tevrede is, sal jy geen probleme met mense hê nie.

Gesindheid

Jou gesindheid by die werk bepaal of jy 'n wenner of 'n verloorder is. As jy altyd oor alles kla, nooit genoeg verdien nie, altyd die een is wat die hardste moet werk, almal 'n pyn in die nek vind, lankal bevorder moes word ... sal jy lewenslank 'n verloorder bly. Jy is uitgeknip daarvoor. Pasop!

Jy moet besef dat base ook mense is. Hulle kan foute maak wat jou kan benadeel. Hulle het 'n verantwoordelikheid om na te kom; jy is maar net een van die span. Jy is ook nie foutloos nie. Jy is in hierdie stadium in groter mate van die baas afhanklik as wat hy van jou is.

Bevordering en verhoging hang net van een ding af: eerlike, harde werk.

Here,
ek is bly dat ek 'n werk het.
Dankie vir die vermoë wat U vir my gegee het
om te kan werk.
Dankie vir die mense wat saam met my werk –
húlle wat 'n bydrae lewer tot gelukkige
werksomstandighede.
Here, U weet dat ek nie met almal by die werk
ewe goed oor die weg kom nie –
die baas kan soms so veeleisend en oorkrities wees;
van my kollegas is afgunstig en onvriendelik;
party ondergeskiktes is lui en slordig.
Gee my tog die genade om hulle met gebreke en al
te verstaan en te aanvaar;
om te onthou dat hulle soms ook maar moeilik het om
my met my gebreke te aanvaar.
Help my om vriendelik en tegemoetkomend te wees;

71

om goed te luister voor ek praat;
om self nie onregverdig te wees nie
en om onreg so ver moontlik te verdra.
Help my om by die werk 'n plusfaktor te wees –
vir my werkgewer, my kollegas en my ondergeskiktes –
deurdat ek 'n Christusgesindheid in my werk sal openbaar.
Amen.

TOERUSTING WAT NODIG IS

- **K**erk en godsdiens

- **D**eeglike beplanning

- **H**umor

- **S**tandvastigheid, entoesiasme en 'n droom

- **E**erlikheid, betroubaarheid en opregtheid

Kerk en godsdiens

As ek van toerusting praat, bedoel ek die gereedskap wat 'n mens nodig het om jou doel te bereik. Gewoonlik dink 'n mens dadelik aan jou werk – aan kursusse en seminare en boeke en wat jy ook al nodig het om 'n sukses van jou werk te maak. Mense in die praktiese werkveld dink aan fisiese gereedskap – instrumente en masjinerie. Natuurlik is dit alles belangrik.

Dink nou egter verder as jou werkterrein. Dink aan die mens wat die werk moet verrig. Hy verrig sy werk met 'n bepaalde innerlike ingesteldheid. As jy byvoorbeeld 'n kursus bywoon terwyl jou gedagtes die hele tyd draai om die een of ander huislike krisis, sal jy nie veel baat vind by die kursus nie. Jou innerlike wêreld is net te omgekrap.

Die toerusting wat ek in gedagte het, is juis dié dinge wat jou innerlike lewe sal orden en jou gereed sal maak om van jou werk en alle ander verhoudinge 'n sukses te maak.

Ek aanvaar dat jy wel aan 'n kerk behoort en op die een of ander manier godsdiens beoefen. Heel waarskynlik het jy kerk en godsdiens tot nou toe as 'n ekstra gesien, as een van die minder noodsaaklike komponente wat deel van jou geheelprogram uitmaak. Dit mag wees dat jy tyd daaraan afgestaan het in dié mate dat dit by jou program ingepas het. As die werkdruk te veel geraak het, het jy seker die kerklike betrokkenheid verminder. As dit waar is, kan ek aanvaar dat jy met 'n vol werkprogram ook nie soggens geskeer en tande geborsel het nie? Dat jy jou etes oorslaan? Hoor ek jou verontwaardig sê dat dit darem nie deel van dieselfde saak is nie?

Dan moet jy verder lees. Ék dink dit is dieselfde. As jy dan moet besnoei, bestee eerder minder tyd aan etes en meer tyd aan die voeding van jou innerlike mens.

*M*anwees en Christenwees – rym dit?

Wat is godsdiens? Dit is die manier waarop jy jou verhouding met jou God ervaar en beleef. Hierdie eenvoudige definisie geld vir alle mense van alle godsdienste. Ek het egter nie alle godsdienste in gedagte nie. Myns insiens is daar net een godsdiens wat 'n werklike invloed op jou lewe kan hê. Dit is die manier waarop jy jou verhouding met die enigste, ware God, die Drie-eenheid van die Bybel, beleef. Ek aanvaar dus dat jy die God van die Bybel gekies het, dat jy Jesus Christus as jou Verlosser aangeneem het.

Manwees en Christenwees – rym dit? Vanweë die bepaalde kwaliteit van die Christelike liefde het mense deur die eeue heen dikwels die Christenman aan minderwaardigheid gekoppel. Hy is nie robuust genoeg nie. Hy is nie manlik genoeg nie. Is dit waar?

'n Mens kan die saak positief benader deur te vra: Hoe kan my manwees en my Christenwees mekaar komplimenteer? Vir 'n Christen gaan dit nie daaroor dat hy sy manlike kwaliteite moet inboet nie, maar sy ware kwaliteite net beter moet benut.

Presies wat is dié kwaliteite en hoe kan jy dit ontwikkel?

'n *C*hristen is ...

Soos reeds gesê, neem ek aan dat jy die God van die Bybel gekies het. Hierdie keuse is meer as goedkoop vervoer hemel toe. Dis 'n kontrak vir tyd en ewigheid. Dit het sekerlik met jou sieleheil of ewige bestemming te make, maar ook net soveel met jou lewe vandag.

Kom ek sê vir jou wat godsdiens nie is nie:

- Dit is nie 'n bietjie vroomheid om die familie tevrede te stel nie.
- Dis nie 'n tradisie wat jy ter wille van wie ook al moet gehoorsaam nie.
- Dis nie 'n geestelike klub waaraan jy ter wille van ordentlikheid moet behoort nie.

En nou wat godsdiens wel ís:
- Dit is 'n diep gewortelde geloofsoortuiging – in die lewende God en in die kruisverdienste van sy Seun, Jesus Christus.
- Dit is 'n bewuste keuse om aan God getrou te wees in woord en daad.
- Dit is toewyding aan God en gevolglik 'n lewe op die spoor van Jesus Christus.
- Christenwees is die lewe vir 'n mens met mannemoed en leeuedurf. Om 'n Christen te wees het jy die geloof van 'n kind en die hart van 'n reus nodig.

Die rede waarom baie mans so lugtig vir godsdiens is, is dat hulle 'n lewe van toewyding vrees. Hulle assosieer die bewyse van manwees met dié dinge wat juis deur die Bybel as sonde uitgewys word. Daarom dat daar skaars 'n hedendaagse film is waarin seks en geweld en drank en vuil taal nie met die manlike beeld vereenselwig word nie. Jy is seker nie so naïef om te glo dat jy eers rêrig man is wanneer jy 'n vigskandidaat is, 'n vergrote lewer het of net onbeskofte maniere openbaar nie?

Ek dink anders. Ek dink 'n man is iemand wat sterk genoeg is om teen die sonde te kies, teen die stroom van verval wal te gooi.

Watter soort man is jy?

Wéét wat jy glo en lééf wat jy glo

Jou geloof moet geleef word. Maar om dit sinvol te kan leef, moet jy dit ken. Jy moet weet wat God se wil vir jou lewe is.

Dít leer jy eers ken wanneer jy na Hom luister. Daarom is persoonlike Bybelstudie en aktiewe deelname aan geestelike groeiprogramme baie nodig. Dit is die toerusting wat jy nodig het om jou geloof in jou elkedaagse lewensomstandighede uit te leef. Jy kan nie groei en die volle potensiaal van jou Christenwees benut as jy nie 'n daadwerklike poging aanwend om 'n lewende verhouding met die Here te handhaaf nie. Sorg dat jy elke dag prima tyd opsy sit vir jou persoonlike stiltetyd. Maak gebruik van 'n goeie Bybelstudiegids. Hou huisgodsdiens saam met jou gesin. Pas dít wat jy leer toe in jou lewe. Dan is jy toegerus om as Christen te lewe.

Kerk

Jou kerk, en veral jou plaaslike gemeente, is een van die sterkste fondamente vir die opbou van jou geestelike lewe. Die Here het 'n goeie rede waarom 'n kerklike struktuur gevestig moet word. Wanneer jy die Nuwe Testament lees, sal jy vind dat dit 'n voortsetting van die Ou-Testamentiese verbondstruktuur is. God se volk, sy eiendom, sy kerk op aarde, moet mekaar op 'n georganiseerde wyse ondersteun en opbou en saam 'n front in die wêreld vorm. Jou kerk is dus veel meer as 'n vermaaklikheidsentrum of gimnasium. Dit is 'n werkterrein waar die Here jou gawes wil benut in die uitbreiding van sy koninkryk.

In die kerk vind jy 'n paar dinge wat normaalweg nie by jou huis of op enige ander plek gevind word nie. By die erediens kry jy die kans om die Here op 'n besonderse manier te aanbid. Jy luister na die verkondiging van die Woord en jy is deel van 'n unieke ondersteuningsgroep – al die ander gelowiges wat saam met jou daar verkeer. Jy kan deel hê aan die sakramente wat juis ingestel is om jou geloof te versterk. Ervaar jy jou kerk so? Is jy 'n lewende en meelewende lidmaat?

Jou kerk is nie volmaak nie, want jy en die ander lidmate is sondaars. Maar die gemeente is ook God se diensterrein waar sy liggaam hier op aarde gebou en uitgebrei moet word. As jy daar ontbreek, mis jy jou doel. Dan is jy die een wat uit pas is terwyl die ander na God se wil soek en in sy koninkryk diensbaar is.

*H*ervorming

As 'n mens se verhouding met die Here skeef loop, trek ander verhoudinge ook mettertyd skeef. Aanvanklik mag dit lyk asof die ekstra tyd by die werk en die vriendskap met die wêreld goeie dividende oplewer. Totdat jy op 'n dag ontdek dat geld en status nie alles is nie.

Só het dit met die Israeliete gegaan. Hulle het met die Here se hulp 'n merk gemaak en toe gemeen dat hulle self verder sal sien kom klaar. En spoedig was hulle godsdiens vervalle. Op 'n dag bring 'n eenvoudige profeet vir hulle 'n boodskap: As julle by die Here is, sal Hy by julle wees, maar as julle Hom verlaat, sal Hy julle verlaat (vgl. 1 Kron. 28:9).

Koning Asa het die profeet se boodskap ter harte geneem en dadelik godsdienstige hervorming van stapel gestuur. Hy het gesorg dat die volk weer hulle prioriteite in orde kry. Dié hervorming was nie sommer net 'n kosmetiese operasie nie. Dit was 'n hartgrondige terugkeer na die Here. "Dit was vir hulle 'n vreugde om na die Here te vra, en Hy het Hom deur hulle laat vind en hulle rus gegee na alle kante toe" (2 Kron. 15:15).

Miskien moet jy ook die profeet se woorde ter harte neem. Is jy by die Here? Is sy woord die rigsnoer vir jou lewe? Of: dink jy dat jý alles alleen kan doen? Is kerk en godsdiens vir jou sommer net 'n terloopse sosiale verpligting? Pasop! Die profeet het gesê: As jy die Here verlaat, sal Hy jou verlaat. Eendag ontdek jy dalk dat jy sonder die Here op 'n onbeskryflike verlies afstuur. Kry jou saak met die Here in orde. In jou binnekamer sowel as op die kerklike werf. Laat dit vir jou 'n vreugde wees om die Here te dien en na sy stem te luister. Dan sal jy ondervind dat Hy vir jou rus gee.

Here,
dankie vir die voorreg om elke Sondag
saam met ander gelowiges te kan bely:
"Ek glo in God ..."
Dankie vir my geloofsoortuiging wat niks anders is nie
as die bewys van u genade in my lewe.
Ek moet bely, Here, dat ek die geleenthede wat U my bied
om in my geloof toegerus te word
nie behoorlik benut nie.
Daarom is ek so dikwels gebrekkig toegerus
vir my daaglikse lewe.
Ek bid dat U vir my 'n ywer vir u Woord sal gee;
dat ek u Woord sal bestudeer;
dat ek elke geleentheid om daardeur gevoed en verryk
te word, sal aangryp;
dat my hele lewe Bybelgerig sal wees.
Help my om die gemeenskap van die gelowiges te erken –
nie net as 'n ondersteuning wanneer dit my pas nie,
maar as 'n geleentheid om vir ander tot seën te wees
wanneer U my ook al daartoe oproep.
Help my om 'n lewende lidmaat van my kerk te wees
sodat my lewe 'n daadwerklike bydrae kan lewer
tot die opbou van u gemeente
en die uitbreiding van u koninkryk.
Amen.

*D*eeglike beplanning

Dit is lekker om vir Piet te ken. Hy is vrolik en vrien-delik en altyd reg om te help. Grapmaker en alle-mansvriend. Hy het 'n goeie werk. Daar wag groot moontlikhede vir bevordering op hom.

Ongelukkig is Piet 'n deurmekaar en planlose mens. Hy gaan elke aand slaap, vas van plan om die volgende oggend betyds op te staan en sy agterstal-lige werk in te haal. Maar, wanneer die wekker 6:00 hard en duidelik lui – presies op die regte tyd – draai Piet met 'n sug om en druk dit met 'n geoefende vinger dood. Hy weet die wekker sal 'n kwartier later weer lui – getroue ou wekker.

'n Kwartier later lui die wekker weer. Piet steek weer sy hand uit, druk die wekker dood en wonder waarom hy nog so vaak is. Tien minute later roep Rina hom en nog tien minute later strompel hy uit die bed. En, soos elke ander dag, word dit 'n gryp- en hardloopoggend.

Hy het nie tyd vir huisgodsdiens of ontbyt nie. Op pad werk toe voel hy die honger kol op sy maag en besluit om later iets by die kafee te kry (onbeplande uitgawe en tweederangse kos). Hy onthou skielik van 'n werkstuk wat hy vandag moet inhandig en dit lê by die huis. Wat gaan hy vir die baas sê? Hy sal dit maar tydens middagete moet gaan haal (onbeplande rit en koste).

Rina is kwaad vir hom omdat hy nie sy kos geëet het en tyd vir huisgodsdiens gehad het nie. Hy sal maar 'n ruiker moet koop en haar vir ete uitneem (onbeplande uitgawe en tyd). Voor Piet nog begin werk, is hy klaar moeg.

Dink net hoeveel tyd en geld verloor Piet met een oggend se swak beplanning. En hy gaan nog al hoe verder agter raak, want swak beplanning het vir hom 'n lewenstyl geword.

Eendag gesels Piet en 'n kollega oor deeglike beplanning. Piet se reaksie is: "Ag man, ek is nou maar so. As ek volgens die boek moet lewe, sal ek mal raak. Ek is nou maar net eenvoudig so gemaak en so gelaat staan."

Maar toe laat die lewe vir Piet staan. Hy kry nie die bevordering nie. Sy huwelik en gesinslewe kwyn weg. Elke oggend wanneer die wekker lui, draai hy met 'n sug om, steek 'n geoefende vinger uit en druk die wekker dood. Oor 'n kwartier sal die wekker mos weer afgaan ...

Is jóú naam dalk Piet?

*D*ie vertrekpunt

Die vertrekpunt vir 'n gelukkige en suksesvolle lewe is 'n paar rustige oomblikke by die tekenbord. Dit maak nie saak watter aspek van jou lewe ter sprake is nie – beplanning is in alle gevalle noodsaaklik.

Dalk skop jy nou teë ... Jy sê dit strook nie met jou geaardheid nie. Jy is 'n impulsiewe mens en so 'n beplannery maak jou benoud. Jy vat die lewe maar soos hy kom. En tot nou toe kom hy nie te sleg nie.

Ek wil graag vir jou 'n punt toegee. Mans is nie eenders gerat nie. Party is baie deurmekaar, vergeetagtig en planloos. Hulle is altyd laat en daag soms glad nie op nie. Hulle vergeet omdat hulle nie juis lus het om te onthou nie. Soms is so 'n man gelukkig en het hy 'n vrou (arme mens) wat dit haar lewenstaak maak om hom betyds by plekke te kry en darem net vir 'n bietjie orde in sy lewe te sorg. Ek weet dat die gepraat oor beplanning vir sulke mense niks lekker is nie. Moet dit egter nie oorslaan nie!

*P*rofiel van 'n beplanner

Ek het deur die historiese boeke van die Bybel geblaai. Daaruit is dit duidelik dat ordelike beplanning telkens die grondslag vir sukses was.

In Josef se lewe het beplanning 'n groot rol gespeel. Hierdie jongman het teen die grein van omstandighede in met die grootste selfbeheersing en selfdissipline te werk gegaan. Hy het sy skranderheid reg benut. Sy aanstelling deur die farao as minister van landbou het nie toevallig in sy skoot geval nie. Dit was nie net die gevolg van die drome wat hy uitgelê het nie. Sy vermoë om ordelik te beplan (vgl. Gen. 41), het meegebring dat hy 'n meesterplan kon uitwerk vir die berging van genoeg graan vir die tye van nood.

In Eksodus 18 lees ons 'n ander verhaal oor beplanning. Hierdie keer is Moses se skoonpa die man wat kophou (wys net wat 'n mens se skoonouers vir jou kán beteken).

Moses se dagprogram is besig om hom onder te kry. Van die môre tot die aand hou hy net vergaderings. Sy vrou en kinders kry hom nooit te sien nie. (Pa is net te besig, my kind.) Hy is 'n belangrike man. Almal wil met hom praat. Moses se senuwees is besig om in te gee en sy gesondheid aan die knak. Hy drink al meer teensuurmiddels.

Toe kom kuier sy skoonpa. Goeie, ou Skoonpa daar van agter die berg. Skaapboer. Rustige soort mens. En Skoonpa kyk dinge uit. Skoonseun is feitlik nooit by die huis nie. Skoonpa loop af kantoor toe en sien hoe die mense ongeduldig toustaan om met sy skoonseun te praat. Waaroor? Nee, sommer oor alles onder die son.

Toe Moses gou huis toe kom vir ete, kry Skoonpa sy woord in. Kyk, ou seun, jy mag 'n goeie leier wees, maar jy is 'n vrotsige bestuurder. Jy en die volk sal op dié manier ondergaan. Jy sal moet leer om beter te beplan. Stel mense aan wat van jou verantwoordelikhede kan oorneem. Gaan sit net 'n slag rustig en dink vooruit. Jy moet leer om te beplan, kêrel!

Gelukkig word Moses nie vir Skoonpa kwaad nie. Hy volg die raad. Die gevolg? Moses se administrasie raak vaartbelyn en verloop seepglad.

Jý moet ook leer om te beplan, anders sal jou lewe soos 'n onvoltooide legkaart op die tafel bly lê – 'n ordelose deurmekaarspul wat ten spyte van beloftes en vermoëns en geleenthede net nooit tot afronding kom nie.

Beplan? Waarvoor?

Waarvoor behoort 'n mens te beplan? Vir alles waarmee jy besig is – jou werk, jou huis, jou ontspanning, jou godsdiens, álles wat deel uitmaak van jou dagprogram. Die doel van beplanning is tweërlei: om te weet waarheen jy onderweg is, en om te besluit watter pad die beste is om daarheen te volg. Alle beplanning het dus lang- én korttermyn komponente.

Ek wil nou gesels oor 'n paar sake wat volgens my deeglike beplanning verg. Jy sal die lys na gelang van jou eie omstandighede kan aanpas of aanvul. Met hierdie voorbeelde wil ek egter vir jou wys watter soort items daar op jou eie beplanningslys moet wees.

Doelwitte:
Dit is onbegryplik dat 'n mens sommer so van dag tot dag aanploeter sonder om te weet waarheen jy onderweg is. Jy moet 'n ideaal hê waarvoor jy werk en waarvoor jy alles in jou vermoë sal doen om dit te bereik. Vra jou af waarheen jy op pad is. Dit maak nie saak watter beroep jy tans beklee nie. Wat tel, is of jy 'n doelwit het wat jy nastreef. Dit kan 'n hoër inkomste wees; verdere studie; iets wat jy graag wil bereik; 'n ander werk wat jy in die oog het, of enige ander bereikbare doelwit. Let wel: **BEREIKBARE** doelwit. Dit help nie om 'n onmoontlike droom te vertroetel nie. Dit is tydmors. Sorg dat jou droom waar kan word en werk daarvoor.

Werk:
'n Mens kom nêrens sonder harde werk nie. Daarom moet jy jou werk deeglik beplan. Feit is, onderweg na die bereiking van jou doelwit sal jy 'n volume energie moet insit. Dié energie word werk genoem. Wanneer jy energie verbruik om 'n ideaal te bereik, werk jy lekker. Moenie doelloos werk nie. Moenie onnodig werk nie. Sorg dat elke oomblik van jou werk bydra tot die bereiking van jou ideaal. Doen die werk wat jy nou doen net soos jy dié werk sal doen wat jy as ideaal voor oë het – met net soveel geesdrif en hartlikheid. Dan sal jy jou ideaal gouer bereik. Sorg ook dat jy gereeld kontrole hou van jou prestasies. Vra jou af: Is ek nog op koers na my ideaal? Lewer ek nog my beste?

Het my droom dalk vervaag? Wat moet ek doen om weer opnuut gemotiveer te raak?

Prioriteite:

Bepaal jou prioriteite. Dit beteken dat 'n mens nie alles gelyk en ewe goed kan doen nie. Dit beteken ook dat jy nie alles kán doen nie. Besluit eers wat jy gaan doen. Besluit daarna in watter volgorde van belangrikheid jy jou take gaan plaas. As jy jou persoonlike lewensprogram nagaan, sal jy vind dat baie tyd vermors word op minder belangrike take. Vermy sulke tydvreters. Handel die belangrikste sake eerste af.

Moenie lewensbelangrike pligte afskeep nie, veral nie jou gesin nie. Dit help nie jy bereik jou ideaal en jy sit sonder 'n vrou en jou kinders ken jou nie.

Tyd:

In jou beplanningsprogram is korrekte tydsbesteding een van die belangrikste sake. Moenie tyd mors nie. Jy het net soveel tyd as die president van die VSA. Die vraag is net wat jy met jou 24 uur doen.

Kry vir jou 'n dag-, week- en jaarbeplanner. Bestee elke dag 'n halfuur om jou tydbeplanning na te gaan. Skryf die eerste week net neer presies hoe jy jou tyd bestee. Jy sal tot jou verbasing vind dat jy baie tyd mors – sonder dat jy dit so bedoel. Kry elke dag 'n uur "ekstra" tyd en vul dit met iets wat regtig die moeite werd is. Jy sal spoedig ervaar dat die regte tydsbestuur een van die grootste bates onderweg na 'n suksesverhaal is.

Ontspanning, oefening, meditasie, selfverryking:

'n Mens kan nie altyd produseer nie. Jy moet ook gevoed word. Maak tyd vir ontspanning, fisieke oefening, daaglikse meditasie ... As Christen moet jy groot erns maak met die beplanning van jou geestelike lewe. Jou Bybelstudie en kerklike meelewing mag nie verwaarloos word nie. Wat sal dit help as jy die hele wêreld wen, maar aan jou siel skade ly?

Here,
ek dank U vir elke gawe wat U vir my gee –
elke geleentheid, elke minuut van die dag.
Dankie dat ek weet U het 'n doel en plan met my lewe.
Help my om dit te bereik.
Wanneer ek soms so ordeloos en traak-my-nieagtig lewe,
help my om orde te skep in my lewe.
Leer my om volgens 'n plan te lewe
sonder om lewensvreugde te verloor.
Laat my beplanning so wees dat dit my sal help
om my lewe nog ryker en voller te beleef.
Gee my veral die vermoë om my tyd beter te bestuur.
Here, laat ek tog nooit vergeet om in my beplanning
prima tyd af te staan aan die heel belangrikste
verhouding in my lewe nie – my verhouding met U.
Amen.

Humor

Hägar sit kop onderstebo, baie beswaard. Hy sê vir sy vrou Helga: "Ek voel vandag so oud, vet, pankop en bitter." Sy antwoord, kamma verbaas: "Waarom voel jy bitter?"

Andy Capp is besig om sokker te speel, terwyl Flo hom luidrugtig vanaf die kantlyn aanmoedig. Hy stop hygend by haar en sê: "Stadiger, Flo, jy moedig vinniger aan as wat ek kan speel."

Seppie die soldaat sê vir die kapelaan hy wil 'n beter mens wees. Die kapelaan se raad: "Jy sal dit regkry as jy daaraan sal werk." Seppie loop met 'n lang gesig weg en sê: "Ek het geweet daar sal 'n vangplek wees."

Spotprente en strokies

As jy die koerant oopmaak, is daar twee rubrieke wat probeer om jou dag vir jou draaglik te maak: die spotprent en die strokies.

Maak gerus 'n punt daarvan om die spotprent deeglik te bestudeer. 'n Goeie spotprent is soos medisyne. Alhoewel dit so effe van 'n suur smaak het, laat dit jou ook onwillekeurig skaterlag. In die strokies sal jy ook iets kry om oor te glimlag. Weliswaar kan 'n mens nie altyd die humor daarin verstaan nie – waarskynlik omdat dit nie altyd op jou van toepassing is nie – maar soms herken jy jouself of iemand anders in die strokies en verkneuter jou in die kwinkslag wat so tekenend van jou eie omstandighede is. Jare lank al knip ek dié teken-grappies uit en dit het vir my en my gesin al groot vreugde verskaf. In die kombuis is 'n kennisgewingbord waarteen ek dit opplak om ons aan ons tekortkominge te herinner. So leer ons om vir onsself te lag.

Die lewe is nie 'n grap nie

In jou lewe ervaar jy talle spanningsituasies. Die spanning laai op en veroorsaak 'n plofbare toestand. Bewaar die man wat 'n verkeerde woord sê of op die een of ander manier uit sy spoor trap. Die lewe is voorwaar nie 'n grap nie. Mense moe-nie maak asof alles snaaks is nie. Jy is moeg en dit lyk asof alles wil handuit ruk. Maar net dan sê iemand iets wat op 'n eienaardige manier die situasie lagwekkend opsom. En jy lag.

Humor is die vermoë om die komiese te midde van die erns raak te sien en daaroor te kan glimlag. Dis daardie glimlag of innerlike toegewing dat die opmerking snaaks was, wat jou laat ontspan. Dis 'n oombliklike ontlading van konflik. Dis die moontlikheid om in die hoogspanning van 'n doodern-stige lewe 'n ander perspektief raak te sien en te waardeer.

'n Mens moet die lewe nie só ernstig opneem dat jy verleer om te lag nie. Dan gaan die lewe by jou verby, en sal jy waarskynlik heelwat korter lewe ook.

Terwyl ons op die gespanne koord bo die afgrond van die lewe loop, is 'n sin vir humor die stok waarmee ons ons balans behou.

– Elsa Maxwell

Soorte humor

Dít waaroor mense lag, is seker nie altyd goeie humor nie. Almal vind nie alles ewe snaaks nie. Wat vir sommige mense snaaks is, kan vir ander afstootlik wees. Omdat humor meesal die gebreke in 'n mens uitlig, kan dit ook kwetsend wees. Sodra jy egter doelbewus van iemand anders 'n grap probeer maak sodat mense nie vir jou moet lag nie, het jou humor suur geword. Sarkasme is nooit goeie humor nie. Die bedoeling van sarkasme is nie om te laat lag nie, maar om seer te maak.

Dit is nie maklik om 'n humorstempel te plaas op alles wat snaaks is nie. Die ergste is wanneer 'n situasie sprankel van die humor, maar die persoon met wie jy dit wil deel, het geen humorsin nie. Vir so iemand is niks snaaks nie.

Om werklik humor te ken en raak te sien, vra 'n mate van volwassenheid. Jy moet die komiese ten koste van jouself kan raaksien. Al is jy vir jouself hoe belangrik, moet jy jouself nie te ernstig ag nie. Die mens wat nie vir homself kan lag nie, sal óf glo dat hy nie foute kan maak nie, óf onder die skuldlas van sy foute ondergaan. Om vir jouself te kan lag, is 'n erkenning van jou foute sonder om daaraan te beswyk.

Humor beteken om in sake van dodelike erns tog ook die minder ernstige, die eg menslike, raak te sien. Soos wanneer 'n predikant op 'n begrafnis die lied "Lei vriend'lik, Lig" op die wysie van "Nader, my God, by U" insit en halfpad deur die versie agterkom hy sing alleen ... (Dit het met my gebeur en op daardie moment was dit vir my alles behalwe snaaks.)

So is daar in die bekende film "Fiddler on the roof" etlike uitstekende voorbeelde van humor.

Wanneer die Joodse melkboer self sy waentjie moet trek omdat sy perd se been mank geword het, gesels hy met God. Van sy kant is dit 'n baie spontane gesprek. Hy sê vir God: "Ek weet ons is die uitverkore volk, maar dis darem onnodig om ons vir alle onheile uit te kies. Kan U nie maar 'n slag ander mense ook uitkies nie?"

*P*latvloers

Humor mag nooit platvloers raak nie. Dit moenie aanstoot gee nie, maar sorg vir die balans tussen erns en luim. Daarom kan 'n mens nie sê dat humor as sodanig goed of sleg is nie. Slegs gepaste humor is goed. 'n Vuil grap kan deur sommige mense as humor beskou word, maar vir 'n Christen is dit nie gepas nie. Net soos wat 'n spottery met God en godsdiens nie gepas is nie.

Hier is 'n baie fyn onderskeid wat gehandhaaf moet word. 'n Mens moet die komiese kan raaksien in die menslike kant van heilige dinge en daarvoor kan lag. Humor wys die krake uit in die manier waarop mense met heilige sake omgaan. Dit laster nie teen die heilige nie, maar lag vir die lompheid waarmee die onheilige mens hom soms net alte heilig wil voordoen.

*D*ie Bybel

In die Bybel is daar soveel meer humor as wat 'n mens met die eerste oogopslag raaksien. Ons benader die Bybel met so 'n heilige erns (wat reg is), maar vergeet dan (en dis verkeerd) dat God niks teen lag het nie. Die ernstige Woord van God word soms op 'n speelse en humoristiese manier aangebied. Ons het verleer om dit raak te sien. En wanneer ons dit wel sien, weet ons nie of ons mag lag nie.

Wanneer Jesus met die Fariseërs die draak steek, is dit sekerlik van die mooiste humor denkbaar. Dié mense wat in die hantering van die wet tot in die fynste besonderheid noukeurig is – die muggies uitsif – maar terselfdertyd die onrein kamele heelhuids insluk. Kan jy jou dié prentjie voorstel?

Die bergrede wemel van humor. As iemand jou op die een wang slaan, draai vir hom ook die ander wang. Of: as jou dwalende oog vir jou 'n probleem raak, ruk hom uit. As jy nie dink dít is snaaks nie ... of klink dit vir jou na die normale manier van doen?

*K*an jy lag?

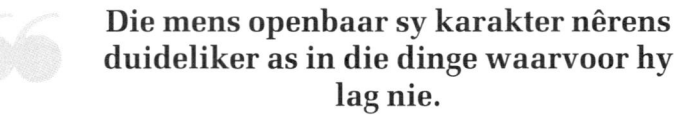

**Die mens openbaar sy karakter nêrens
duideliker as in die dinge waarvoor hy
lag nie.**
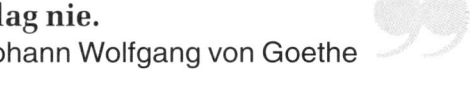
– Johann Wolfgang von Goethe

**God het geweet dié gawe was nodig omdat
die mens ook die enigste skepsel is wat
elke dag oor die lang weg van die
teleurstelling heen moet beweeg – en vir
dié stamperige pad is lag die beste veer-
stelsel wat hom met die minste ongemak
daaroor kan bring.**
– Gerhard Beukes

Kan jy lag? Maak jy tyd om te lag? Waarvoor lag jy? Begin
deur vir jouself te lag. Wanneer jy iets simpels aangevang het
en ander mense onbedaarlik vir jou aan't lag is, of wanneer jy
daardie ernstige, geplooide gesig in die spieël sien – breek 'n
slag deur die grens van onheilige erns met 'n heilige glimlag.
Jy sal die krag van humor ontdek sodra jy dit begin aanwend.
Dit is soos goeie medisyne. Dit is genesend. Dit staan in diens
van die lewe.

Oor humor moet 'n mens ernstig raak. Anders gaan die
erns van die lewe jou laat verleer om te lag. Gaan soek gou 'n
klompie ou koerante en kry jouself aan die lag.

*Here,
baie dankie dat ek kan lag.
Jammer dat ek so min lag.
Ek moet bely dat ek nie altyd reg lag nie –*

ander se gebreke en verliese laat my soms hartliker lag
as my eie tekortkominge.
Gee my die vermoë om ook oor my eie mislukkings
te kan lag omdat ek weet dat die kans om te lag
die erkenning is van die geleentheid om weer te probeer.
Help my, Here, om oor ander mense se gebreke
minder drasties te oordeel,
maar eerder die komiese en menslike daarin raak te sien
soos wat ek graag sou wou hê dat hulle my foute
sal beoordeel.
Bewaar my teen sarkasme
wat seermaak en nie genees nie.
Here, help my om vandag op minstens
een bekommerde gesig
die sonskyn van 'n glimlag te laat deurbreek.
Amen.

Standvastigheid, entoesiasme en 'n droom

Waarna soek 'n vrou in die man van haar drome? Hierdie vraag kan 'n lekker geselssessie om die braaivleisvuur aan die gang sit. Die meeste vrouens weet maar alte goed waarna die man soek. En die meeste mans dink hulle weet waarna die vrouens soek. Maar, hulle dink verkeerd.

Mans doen gewoonlik een van twee verkeerde dinge: óf hulle oorbeklemtoon die onbelangrike óf hulle hou nie met die geheel rekening nie. Omdat húlle baie seksbewus is, dink hulle vrouens kyk net met slaapkameroë na 'n man. Dan doen hulle alles wat hulle kan om 'n viriele indruk te maak. Ag tog, hoe klaaglik misluk so baie van ons nie!

Op grond van talle, deeglike ondersoeke het sielkundiges tot die gevolgtrekking gekom dat vroue eerder na innerlike kwaliteite soek as na uiterlike vertoon. Die vrou is ingestem op sekuriteit, op langtermynversekering. Daarom soek sy in 'n man dié eienskappe wat sekuriteit aan haar kan bied. Natuurlik is die ander dinge ook belangrik, en by tye selfs die belangrikste — maar slegs by tye. Die saak wat van deurlopende belang gaan wees, is die kwaliteit van jou manwees, jou vermoë om lewenskwaliteit vir jou afhanklikes te waarborg.

Dít laat my aan 'n paar onontbeerlike eienskappe dink. As jy dit nie het nie, kan jy dit aankweek. Dit sal sonder twyfel die moeite werd wees.

*St*andvastigheid

'n Man moet sy staan in die lewe ken. Iemand wat koersloos rondslinger, boesem nie vertroue in nie. 'n Mens moet fyn onderskei tussen waagmoed en oormoed.

Soms is dit nodig om met berekende waagmoed 'n skuif te maak – moontlik van werk verander of 'n projek aanpak of 'n belegging maak. Dis egter domastrante oormoed as jy skuiwe maak wat jou en jou gesin kan benadeel. En dit help nie om agterna te sê jy laat jou nie hiet en gebied deur so-en-so nie. Jy sal liewer by die huis sit en wag vir beter dae as om 'n ryk man se slaaf te wees. Wie sorg dan vir jou gesin? Het jy opgemerk hoe afgerem jou vrou deesdae lyk?

Integriteit is die mooi woord vir inbors. 'n Mens kan op iemand met inbors staatmaak – wat sy werk ook al is; hoe bittergraag hy 'n groter salaris wil hê; hoe gefrustreerd hy ook al soms met die baas kan raak. Hy dink verder as wat sy neus lank is. Hy dink aan môre en oormôre en aanvaar volle verantwoordelikheid vir die mense wat van hom afhanklik is.

Moenie 'n liggelowige gek wees nie. Pasop dat gewetenlose uitbuiters of selfs 'n grootbek-kollega jou 'n rat voor die oë draai. Enige gou-rykword-skema het 'n reukie. Iemand gaan verloor. Dit is meesal die nuweling wat oningelig en ter goeder trou "teken voor die kans vir altyd verby is".

Die woord wat hand aan hand met standvastigheid gaan, is bestendigheid. Standvastigheid beteken nie om soos 'n standbeeld op een plek te staan en niks te doen nie. Inteendeel, jy werk in die hoogste versnelling, hou gebalanseerd koers en bly staande. Jy is bestendig in al jou doen en late.

 **'n Mens kan weet of jy op die regte koers is. Dit is altyd opdraand.**

— Anoniem

Standvastigheid is 'n eienskap van 'n volwasse man. Met integriteit, versigtige realisme en 'n bestendige en koersvaste lewenstyl behoort jy op jou voete te bly. Dán staan jy in die skoene van 'n man.

Entoesiasme

Wanneer 'n man 'n motor koop, is daar 'n klomp kenmerke waarna hy kyk. Die motor se stroombelynde voorkoms, werkverrigting, brandstofverbruik en betroubaarheid kom onder meer op die kontrolelys.

Jare gelede het ek met groot opgewondenheid my eerste "spogmotor" gekoop. (Ek sal maar nie sê watter fabrikaat dit was nie, anders lees jy dalk uit beginsel nie verder nie.) Myns insiens was dit dié motor.

Ons eerste rit met my spogmotor was van Kaapstad na Bloemfontein. Dit was 'n snikhete dag. Die hele pad besing ek die motor se lof – seker tot my vrou se verveling. Presies om 12:00 gaan staan my nuwe motor duskant Beaufort-Wes sonder brandstof. Ek het die motor se brandstofverbruik so effe onderskat. Toe sit ons in die somerson in 'n "spogmotor" wat nie kan ry nie.

Daar is baie mense met die beste potensiaal en geleenthede, maar hulle sit futloos en werkloos omdat hulle geen entoesiasme het nie. Hulle is soos 'n motor sonder brandstof. Dít is heeltemal onnodig. As jy so iemand is, moet ek vir jou sê wat my vrou daardie dag vir my gesê het. Ek kan nie haar presiese woorde onthou nie, maar dit het daarop neergekom dat ek volgende keer regtig my kop moet gebruik. Miskien moet jy ook jou kop gebruik. Jy kan nêrens kom sonder brandstof nie. En die belangrikste brandstof vir die mens is entoesiasme, dryfkrag en geesdrif.

Jy kan entoesiasme nie in 'n blikkie of bottel koop nie. Jy kweek dit deur gereeld jou doelwitte na te gaan en opgewonde te raak daaroor; deur jou gawes te waardeer en te benut; deur jou geleenthede raak te sien en aan te gryp; deur jou familie en vriende in jou vertroue te neem en jou ideale met hulle te deel. Die dinge waaroor jy entoesiasties moet wees, is jou werk, jou gesin en al jou lewensideale.

'n Mens wat entoesiasties is, lewe voluit.

*H*et jy 'n droom?

Jy kan nie entoesiasties raak as jy nie droom nie. Sonder 'n droom het jy opgehou lewe. Dan bestaan jy maar net van dag tot dag. 'n Droom gee veerkrag aan jou lewe. Dis jou dryfkrag onderweg na die toekoms. Omdat 'n droom nog in die toekoms lê, maak dit die toekoms aanloklik, uitdagend, altyd die moeite werd.

Formuleer jou droom. Nog beter: gaan skryf dit iewers neer. Skryf vir jouself wat jy graag oor 'n jaar of twee wil bereik. Besluit hóé jy dit gaan bereik. Kontroleer jou vordering voortdurend. Kry jou gesin om saam met jou te droom. Werk saam aan die droom. Dit is een van die heerlikste ervarings wanneer man en vrou en selfs kinders kan saamgesels oor 'n droom. Jy moet egter nie net oor geld en status lugkastele bou nie. Sorg dat die vervulling van jou droom sal beteken dat jy 'n beter mens is, iemand wat lewensvervulling gevind het. Daarom moet jy vir God in jou droom plek maak. Toets die lewensvatbaarheid van jou droom aan dié vraag: sal die vervulling van my droom ook tot eer van God wees?

*D*ie man wat kon vasbyt

In die Bybel is Nehemia vir my een van die skitterendste voorbeelde van 'n koersvaste vasbyter en aanhouer. Hy het 'n aantal eienskappe openbaar wat met groot vrug nagevolg kan word. Hy was 'n man met 'n passie vir 'n goeie saak.

Toe hy in Persië hoor dat dit sleg gaan met sy mense in Jerusalem, is hy deur hulle nood aangegryp en wou hy iets daaromtrent doen. Hy was nie net 'n passiewe simpatiseerder nie. Hy was deur en deur 'n doener. Toe hy die kans kry, stel hy homself beskikbaar om vir die saak te gaan werk.

In Jerusalem was omstandighede haglik. Nehemia het egter nie ewe gedweë saam met die ander mense op 'n hoop gaan sit en kerm nie. Hy het sy kop gebruik en met deeglike beplanning voorbereidings begin tref en aan die werk gespring. Selfs te midde van die skerp teëstand wat hy gekry het, het hy deurgedruk. Hy was 'n positiewe en doelgerigte entoesias. Hy het bo ander mense uitgestyg, omdat hy in sy saak en in homself geglo het. Dít kon hy doen omdat hy deurentyd aan sy God getrou gebly het.

Wat van jou?

Kort jy miskien so 'n bietjie meer entoesiasme vir jou saak, jouself en jou gesin? Het die lewe dalk vir jou te gewoon en alledaags geword? Het jy miskien as gevolg van 'n gebrek aan entoesiasme jou deursettingsvermoë verloor? Lê jou lewensroete vol van halfvoltooide werke?

Kry 'n slag spierkrag! Spring saam met jou God oor 'n muur!

Liewe Here,
ek kry soms die gevoel dat ek ankerloos is –
die een dag is vir my soos die ander,
my werk verveel my,
my kinders irriteer my,

ek vind net geen lewensvervulling nie.
Help my om weer 'n slag vaste grond onder my voete te kry –
om bestek te neem van my ideale;
om doelwitte in die lewe te vind;
om met hoop en vertroue na die toekoms uit te reik.
Gee weer 'n slag vir my entoesiasme vir die lewe.
Here, U weet van baie van my drome wat aan skerwe lê.
Help my om nooit op te hou droom nie.
U gee vir my gawes en geleenthede
wat dit moontlik maak om te droom
en op die vervulling daarvan te hoop.
Ek wil graag met U die toekoms inbeweeg –
koersvas en doelgerig;
met 'n droom om voor te werk;
met entoesiasme vir my droom.
Amen.

*E*erlikheid, betroubaarheid en opregtheid

Die Ontvanger van Inkomste kry 'n geregistreerde koevert met R500 en 'n briefie daarby: "Ek het 'n bietjie gekierang toe ek my belastingvorm ingevul het. Nou het ek slapelose nagte daaroor. Aanvaar asseblief dié R500. As ek nog nie kan slaap nie, sal ek die res ook stuur."

Natuurlik is jy eerlik, betroubaar en opreg. Wie sal dan nou ook anders oor homself oordeel? Ek sal toegee dat jy bedóél om so te wees. Maar ís jy altyd? Dis nie dat jy uiteraard besluit om te lieg, jou woord te verbreek en skynheilig te wees nie. Eerlikheid en betroubaarheid ly egter maklik skipbreuk in ons elkedagse manier van lewe. Daarom is dit goed om spesifiek daaraan aandag te gee – om jouself by herhaling daartoe te verbind. Eerlikheid en betroubaarheid is eienskappe wat jy in jou verhoudinge met ander moet uitlééf.

*H*oe betroubaar is jy?

Betroubaarheid beteken om getrou te wees aan jou woord. As jy iets beloof, hou jy jou belofte. As jy 'n kontrak aangaan, voer jy dit uit. Jy sal seker iemand se betroubaarheid kan meet aan die wyse waarop hy groot kontrakte uitvoer, maar dit is nie 'n goeie maatstaf nie. Dis beter om te kyk hoe hy die klein beloftes, die feitlik onkontroleerbare ondernemings hanteer. Wat doen hy met die fyn skrif van sy beloftes?

100

TRANSMISSION VERIFICATION REPORT

TIME : 04/11/1999 09:08
NAME : SPOORBAAN EN DIENSTE
FAX : 0123153032
TEL : 0123152283

DATE, TIME   04/11 09:08
FAX NO./NAME   0123847663
DURATION   00:00:21
PAGE(S)   01
RESULT   OK
MODE   STANDARD

Begin jy al snuf in die neus kry van waarheen ek onderweg is? Nog nie? Goed, hier kom dit. Dink aan jou huwelik. Ja, jy is nog getroud en dink nie aan skei nie. Jy hou nog woord. Maar is jy getrou aan jou beloftes? Gaan lees weer 'n slag die "fyn skrif" van die huweliksformulier. Die ontrou wat so dikwels in huwelike voorkom en dikwels op 'n egskeiding uitloop, begin wanneer mense onbetroubaar raak ten opsigte van die fyn skrif.

Die huwelik is maar net een voorbeeld. Dink aan jou werk. Die hoofbestuurder van 'n groot onderneming het eenkeer vir my gesê die grootste aanvegting vir sy geloof is die wyse waarop sogenaamde Christene sake doen. Hulle skroom nie om oneerlik te wees ter wille van onregmatige wins nie. Is hy reg? Ek weet nie, maar die volgende staaltjie bevestig wat hy gesê het.

'n Joodse regsgeleerde het 'n getuienisdiens in 'n Christelike kerk bygewoon. Hy het sommige van die mense wat getuig het, geken. Daar was veral een persoon wat aan hom bekend was vanweë die oneerlike manier waarop hy sy onderneming bedryf het. Hy het nie sy ooreenkomste nagekom nie en dikwels van twyfelagtige metodes gebruik gemaak. Ná die diens het die regsgeleerde opgemerk: "To me there is a vast difference between testimony and evidence."

Jabroer

Afgesien van doelbewuste oneerlikheid is daar ook dié mense wat bloot as gevolg van 'n traak-my-nieagtige houding onbetroubaar is. Dis gewoonlik goeie, joviale mense. Hulle beloof hand en mond om enigiets vir jou te doen. Maar wanneer dit by die doen kom, is hulle nie daar nie. 'n Regte klomp jabroers!

Dit lyk my 'n mens moet leer om "nee" te sê as jy iets nie kan doen nie. Jy moenie ter wille van 'n goeie vertoning aanbied om iets te doen wat jy voor jou siel weet jy nie kán uitvoer nie. Dit skep éérs 'n slegte indruk as jy nie aan die verwagtinge kan voldoen nie. Dis veel erger om as 'n onbetroubare persoon geken te word as iemand wat eerlik nie kans gesien het om 'n opdrag te aanvaar nie.

Ek het iewers gelees dat betroubaarheid soos fyn porselein is: wanneer dit breek, kan dit heelgemaak word, maar dit is nooit weer dieselfde nie. Moenie dat daar in jou mondering fyn krakies van onbetroubaarheid gesien word nie. Laat jou woord werklik jou eer wees. As jy jou woord gegee het, het jy jouself as 't ware verpand. Jou naam is op die spel. As jy jou woord nie hou nie, is jou naam daarmee heen.

*E*erlikheid

Eerlikheid en betroubaarheid het baie gemeen. Die onbetroubare persoon moet dikwels leuens vertel om sy ontrou te verdoesel. Nogtans is dit nodig om eerlikheid apart te bespreek. Selfs die betroubaarste persoon kan by geleentheid oneerlik wees – nie met die doel om sy woord te breek nie, miskien net om 'n paar ekstra rande in die sak te kry.

Die winkelier in die volgende verhaal was 'n goeie en betroubare inwoner van sy dorp ...

'n Huisvrou moet onverwags 'n groot ete voorberei. Sy gaan na die naaste, klein winkeltjie om kos te koop. Toe sy vir 'n bevrore hoender vra, ontdek die winkelier hy het net een in die vrieskas oor. Hy sit die hoender op die skaal en dit weeg net oor die twee kilogram.

Die vrou sê: "Dis 'n bietjie te klein. Is daar nie 'n groter een nie?"

Die winkelier sit die hoender terug in die vrieskas, krap rond, en kom weer met dieselfde hoender te voorskyn. Hy weeg die hoender weer, terwyl hy met sy duim ongemerk op die skaal druk. Die hoender weeg byna vier kilogram!

"Ek is regtig bang die kos is te min. Gee maar vir my albei die hoenders," sê die vrou.

*D*ie waarheid

Jesus het vir sy dissipels gesê: "Laat julle 'ja' eenvoudig 'ja' wees en julle 'nee', 'nee'" (Matt. 5:37). So laat Hy hulle verstaan dat 'n mens te alle tye die waarheid moet praat.

Is dit hoe jý met die waarheid omgaan? Is ons nie maar almal van nature geneig om die "feite" wat ons weergee so effe aan te pas of dalk nie alles oor te dra nie? Waarom? Natuurlik ter wille van ons eiebelang en voordeel.

Jan wil sy motor verkoop en vertel met geesdrif van die ryding se goeie eienskappe. Toe die voornemende koper vra of hy van enige foute weet, weet Jan van geen "ernstige" foute nie. Dis natuurlik debateerbaar wat onder "ernstig" verstaan word. Maar Jan het geweet wat die koper met sy vraag bedoel het. Ná die koop beklink is, sê Jan vir sy vrou: "Dank die Vader ek is van daardie rammelkas ontslae!"

Wil jy graag eerlik wees? Praat dan die waarheid en moenie stilbly wanneer dit 'n verskil aan die uitslag van 'n transaksie kan maak nie. Moenie die waarheid verdraai of sekere aspekte daarvan versuiker nie. Pasop dat jou verbeelding nie met jou op hol gaan nie. Jy kan maklik iets van iemand anders sê wat hom of haar kan benadeel as dit nie volledig in belang van die saak is nie. Wees dan eerlik en erken dat toe jy nié die waarheid suiwer oorgedra het nie, dit uit pure selfsug was.

'n Christen-sakeman wys 'n skelm transaksie van die hand alhoewel dit hom baie geld in die sak sou bring. Die aanbieder van die transaksie wil weet waarom hy nie daarin belangstel nie. Hy antwoord dat hy 'n Christen is en gevolglik nie oneerlik sake wil doen nie.

Die ander persoon se kommentaar is toe: "Surely you don't try to mix two good things like business and religion?"

Die Christen antwoord: "I have discovered that when we mix business and religion, we prove our religion and we improve our business."

Opregtheid

Betroubaarheid en eerlikheid vind neerslag in 'n opregte houding teenoor ander mense. Hoe gou kom mense nie agter wanneer iemand werklik opreg is nie! Ek ken iemand wat op grond van sy bepaalde oortuigings en eienaardige optrede nie veel aanhang in sy gemeenskap gehad het nie. Mense het gedink hy is vreemd. Maar toe leer hulle hom ken en ontdek dat hy 'n onselfsugtige mens is. Sy opregtheid was so oortuigend dat hulle later nie meer sy eienaardighede raakgesien het nie.

Dawid en Saul

Die verhaal van Dawid en koning Saul bied 'n paar treffende voorbeelde van opregte betroubaarheid én sluwe oneerlikheid. Ek gebruik die voorbeeld waar Dawid en sy manskappe in die grot by die Klipbokrotse vir Saul wegkruip (1 Sam. 24). Dit is eintlik 'n komiese situasie wat hom hier afspeel.

Agterin die grot sit 'n paar vreesbevange mans. Hulle hoor iemand naderkom. Is dit die voorloper van 'n hele regiment soldate? Is dit nou hulle einde? Die voetstappe kom tot 'n stilstand. Die mans beweeg effe vorentoe om beter te kan sien. En siedaar! Dis koning Saul. Hy is stoksielalleen en letterlik "met sy broek op sy voete". Sekerlik die onwaardigste posisie waarin 'n mens betrap kan word, wat nog te sê van 'n koning.

Dawid se manskappe is baie opgewonde. Kom ons maak hom dood. Dis nou ons kans om 'n einde aan al ons probleme te maak. Maar wat doen Dawid? Hy gaan sny 'n stukkie van Saul se kleed af en kom terug. Nee, die koning mag nie doodgemaak word nie. Hy, Dawid, het aan die koning trou beloof. En hy hou woord. Dit pla hom selfs dat hy 'n stuk van die kleed afgesny het. 'n Mens maak nie van God se gesalfde 'n grap nie.

Saul het gehuil toe die werklikheid van die situasie tot hom deurdring. Hy verklaar ewe grootmoedig dat Dawid 'n beter man as hy is. Maar nie lank daarna nie probeer hy maar weer om op 'n slinkse manier van Dawid ontslae te raak.

Dawid bewys homself as die man wat aan sy oortuiging en beloftes getrou bly – selfs ten koste van sy eie veiligheid. Saul bewys hom as die man wat nie skroom om sy woord te verbreek ter wille van persoonlike wins nie.

Wie is jy?

Hemelse Vader,
hoe maklik raak ek nie ontrou
aan my beloftes nie.
Dit is so maklik om trou te beloof
en so moeilik om getrou te bly,
want tussen belofte en praktyk
word ek geteister deur die sonde
van selfsug en eiebelang.
Here, laat ek die hoogste premie plaas
op my woord van eer;
laat ek dié mense wat ek iets beloof
nooit teleurstel nie;
laat ek geken word as iemand
wat die waarheid sonder enige verdraaiing praat.
Bewaar my van allerlei truuks
om die waarheid by my behoeftes aanpasbaar te maak;
leë beloftes wat ek nie bedoel nie.
Here, help my om 'n man van my woord te wees.
Amen.

PASOP VIR SLAGYSTERS

- **A**artsluiaard of werkmal?

- **M**aterialisme

- **S**eks en drank

- **M**aniere en giere

4

Aartsluiaard of werkmal?

Is jy 'n onderpresteerder, of 'n prestasiebehepte? Is luiheid jou obsessie, of roem? Werk jy jou dood, of dood jy eerder voor jy werk?

Heel waarskynlik val jy nie volledig in een van dié kategorieë nie, maar neig jy gevaarlik na die een kant toe. Die kant waarheen jy neig, kan vir jou 'n groot struikelblok wees in jou soeke na lewensvervulling.

Lui slenters

Die luiste mense is gewoonlik dié wat voorgee dat hulle die hardste werk. Wanneer jy nader ondersoek instel, kom jy hulle slenters agter. 'n Luiaard het altyd 'n goeie, waterdigte verskoning waarom hy jou nie kan help nie. Hy wíl altyd baie graag (regtigwaar) en sóú sekerlik as dit in sy vermoë was, maar ongelukkig het daar iets voorgeval, of hy het reeds 'n afspraak, of die wêreld gaan môre vergaan ... "Die lui mens sê: 'Daar is 'n leeu daarbuite! Ek kan doodgemaak word as ek dit buite waag!'" (Spr. 22:13). Lui mense lyk moeg. Moenie vir hulle vra hoe dit gaan nie. Jy sal na 'n lang verslag van 'n vol program moet luister. 'n Luiaard is onbetroubaar. Jy kan nie op hom reken nie. "Soos asyn teen die tande, soos rook in die oë, so is 'n lui mens vir iemand wat hom 'n opdrag gee" (Spr. 10:26).

Lui mense gebruik hulle siekverlof ten volle. Môre is altyd 'n beter dag om iets te doen as vandag. In hul lewens speel toeval altyd 'n veel groter rol as in enigiemand anders s'n. Dis verbasend hoe iets altyd toevallig gebeur en hulle daarvan weerhou om hulle werk te doen.

Die Bybel praat reguit en met sy ontevredenheid oor luiheid. Waarom? Omdat luiheid 'n ontkenning van jou lewensroeping is. Jy is geroep om te werk. Jy is 'n mens in diens. Jou lewensroeping om die aarde te bewoon en te bewerk, word vervul in jou beroep, jou huwelik en gesinsverpligtinge en in al die ander maniere waarop die Here jou talente in sy diens wil gebruik.

Steel God se tyd

Luiheid is om God se tyd te steel. Jy vertroetel jouself met die luukse van tydmors. Daar is ander wat die werk kan doen. Omdat jy tog 'n gewete het, dink jy 'n goeie verskoning uit: ander is beter toegerus; jy is regtig besig om jouself uit te brand en so kan dit nie aanhou nie; 'n mens moet darem tyd maak om te ontspan ook; jy slaap reeds te min ...

Wie doen dan die werk waarvoor jy nie kans sien nie? Dis gewoonlik diegene wat reeds oorlaai is, maar altyd gewillig is om te help. Skaam jou!

Die rotresies

Ons is al so gewoond aan die Engelse term "rat race" dat enige ander benaming (selfs die vertaling!) nie reg klink nie. Dié woord het vir ons 'n simbool geword. Dit sê presies wat ons dikwels ervaar. Ons hardloop ons gedaan. En hoe vinniger ons hardloop hoe vinniger tol die wiel waarop ons hardloop ... en ons voel asof ons maar net op die een plek bly staan. Dis 'n simptoom van ons tyd. Jy is "in" wanneer jy kan sê dat jy deel van die "rat race" is. Al die belangrike ouens kla daaroor. Dis amper soos 'n betaamlike soort siekte om aan te ly.

Die waarheid is dat jy jouself vir die resies inskryf. Jy raak uit vrye wil deel daarvan. Máár, en dis wesenlik belangrik, jy kan ook self bepaal hóé jy aan die wedloop deelneem. Dis onsinnig om jouself te dwing om 'n 1 000 meter-wedloop teen die tempo van die 100 meter af te lê. Wat wil jy bewys? Hoe om suksesvol selfmoord te pleeg?

Daar is redes waarom mense uitbrand. Hulle kan byvoorbeeld nie "nee" sê nie. Al klink dit lofwaardig om altyd net te wil help, is dit nié so lofwaardig nie. Dis dikwels net 'n manier om 'n wankelende selfbeeld staande te hou. Jy moet leer om jou werkvermoë, tyd en verantwoordelikhede eerlik te evalueer en vriendelik te weier om ekstra verpligtinge te aanvaar as dit jou nog meer gejaagd gaan laat lewe.

'n Ander rede is dat baie mense probeer om bevrediging te vind in hulle werk, omdat hulle dit nêrens anders vind nie. Met ander woorde, hulle het geen ander plek waar hulle hulself behoorlik kan bewys nie. Dit is die beeld van 'n ongebalanseerde mens. Is dit die beeld van jóú? Onthou, mense hou nie van ongebalanseerde mense nie. Jy sal 'n eensame, werkmal mens word. En dit is niks lekker nie.

Daar is ook dié manne wat soos verfrommelde wrakke langs die pad lê omdat hulle deur ander uitgebuit is. Ongelukkig kry jy werkgewers wat nie 'n duit vir hulle werknemers omgee nie. Hulle gee voor dat hulle baie belangstel en bied allerlei aanloklike byvoordele aan. Hul enigste mikpunt is egter hoër produksie en meer geld. Wanneer hulle jou swak plekke ken, weet hulle presies hoe om jou te manipuleer. Moenie vir 'n skurk werk as jy dit enigsins kan verhelp nie. As jy toevallig so 'n baas het, moenie toelaat dat hy jou misbruik nie.

*P*restasiebeheptheid

Prestasiebeheptheid is 'n ander oorsaak van die uitbrandsindroom. Party mense raak verslaaf aan prestasies. Hulle móét op al die komitees dien, verkieslik as die voorsitter. Hulle móét op pad boontoe wees.

Ek stem saam dat 'n mens jou potensiaal so goed moontlik moet benut en diens lewer waar jy kan, maar niks mag 'n obsessie word nie.

Hans Vermeulen was 'n dinamiese, intelligente man met baie ondernemingsgees. Daar was nie 'n lui haar op sy kop nie. Vanselfsprekend het hy sy beloning daarvoor gekry. In sy werk het hy goed presteer. Met verloop van jare het hy die een na die ander prestasie-toekenning gekry. Hy is tot komitees verkies en was later voorsitter van 'n hele klomp van dié komitees.

Aangesien 'n mens niks meer as vier en twintig uur per dag tot jou beskikking het nie, het Hans sy huis en ook sy persoon afgeskeep. Gruwelik afgeskeep. Hy en sy vrou is geskei. Hy is van sy kinders vervreem. Toe werk hy maar harder en trou met iemand wat hom verstaan.

Sy het hom drie jaar lank verstaan en toe gelos. Al wat vir Hans oorgebly het, was om nóg harder te werk.

Ek het Hans leer ken ná sy aftrede. Hy was 'n patetiese figuur. Hy moes noodgedwonge aftree na 'n hartaanval en 'n beroerte twee jaar later. Hy kon oor niks anders praat as sy roemryke verlede nie. Die ergste is dat min mense hom regtig sou onthou. Hy het 'n werk gedoen. Sy rol was uitgespeel. Hy was nie 'n aangename mens om te ken nie. Hy het dus min, indien enige, vriende gehad.

Is jy 'n kandidaat?

Ly jy aan "uitbranding"? Kyk of jy een van die volgende simptome in jou lewe het:

- Ek het nie meer tyd om te ontspan nie.
- Ek is gedurig moeg. Ek raak al hoe knorriger en ongeduldiger.
- Ek is so gespanne. Miskien sal 'n paar drankies help!
- Ek ken nie meer my vrou en kinders nie.
- Ek voel skuldig oor die werk wat ek nog nie gedoen het nie.
- Ek wens ek kan al aftree. My werk is 'n nagmerrie!
- Ek is darem baie negatief.
- 'n Stoflaag is besig om op my Bybel te vorm ...

Daar is nog baie ander simptome wat almal net uitspel: jy is nie wat jy weet jy behoort te wees nie en die tempo van jou werk is daarvoor verantwoordelik. Indien jy hierdie simptome herken in jou lewe, moet jy 'n slag halt roep. Gaan sien 'n goeie sielkundige. Hy kan jou help.

Die Bybel is en bly die beste maatstaf vir 'n gebalanseerde lewensbeskouing. Die vraag is: Vir wie lewe jy? Beide die luiaard en die werkmalle leef net vir homself. Vir die luiaard gaan dit oor gerief en gemak en plesier. Werk is vir hom te veel van 'n inspanning vir te min vergoeding. Hy doen die minimum vir die meeste genot. Die ambisieuse, prestasiebehepte persoon werk ook net vir homself. Vir hom is geld en eer en prestasies lewensvervulling. Alhoewel hy 'n groter bydrae tot die gemeenskap lewer as die luiaard, word hy 'n slaaf van sy ideale. Die lewe raak vir hom later net 'n werkbank en hy 'n robot.

Die Bybel leer vir ons om in alles vir God dankbaar te wees. "Wat julle ook al sê of doen, sê en doen dit alles in die Naam van die Here Jesus en dank God die Vader deur Hom" (Kol. 3:17). God het vir ons die lewe gegee om te geniet. Ons moet vreugde vind in sy skepping en in al die goeie gawes wat ons elke dag kan geniet. Ons moet kan lag en vrolik wees. Ons moet leer om ons werk voluit en met lus en ywer te doen.

Daar is nie 'n gelukkiger mens as dié een wie se werk vir hom 'n vreugde is nie. Sy ontspanning is ook vir hom 'n plesier.

Here,
ek weet nie mooi wat om te bid nie –
partykeer is ek so verstommend lui
en ander kere verg my werk my volle aandag.
Maar eers oor die luiheid, Here:
bewaar my tog daarvan dat ek die kosbare lewenstyd
wat U my gegee het, sal verspeel
omdat ek nie genoeg gemotiveer is om my beste te lewer nie;
omdat ek bang is ek moet te hard werk;
omdat ek liewer die lewe op mý manier wil geniet.
Gee tog dat my werk en die verantwoordelikheid wat ek
op my neem vir my 'n voorreg en vreugde sal wees.
Here, help my ook om nie van werk en prestasies
'n afgod te maak nie –
om myself nie so hard te probeer bewys
dat ek uit pas sal raak met die mense rondom my
en met my hemelse Vader nie.
Leer my om tot rus te kom wanneer ek moeg raak;
om "nee" te sê wanneer my program te vol raak;
om in alle opsigte 'n gebalanseerde mens te wees
wat met God se krag en genade
die lewe ten beste sal benut en geniet.
Amen.

Materialisme

Iemand het vir die hoofboekhouer van John D Rockefeller, seker een van die rykste mense wat ooit geleef het, gevra hoeveel geld Rockefeller ná sy dood agtergelaat het. Die boekhouer se onmiddellike antwoord was: "Alles!"

Met hierdie eenvoudige voorbeeld word die siekte van materialisme sowel as die sinloosheid daarvan blootgelê. Mense se oë rek van verbasing en afguns oor die feëverhale van die rykes van die wêreld. Hulle het byna 'n magiese bewondering vir dié mense. Maar, hulle hou nie daarmee rekening dat daar 'n dag sal kom dat jy alles moet agterlaat nie.

Geld, mag, geweld

Daar was 'n ryk boer wat 'n obsessie gehad het om nóg ryker te word. Hy het goed geërf. Dít en sy goeie familienaam het gehelp dat hy die een hoogte na die ander bereik het. Hy het 'n gesonde bankrekening, aansien en mag gehad.

Op die buurplaas het sy buurman nie juis suksesvol op sy stukkie grond geboer nie. Hy was egter dolgelukkig. Die ryk boer het nie met die bure gemeng nie. Hulle was nie in sy klas nie. Wat hom wel geïnteresseer het, was sy buurman se grond. Met 'n keerwal onder in die kloof kon 'n massiewe dam gebou word. Hy het mos die geld daarvoor.

Op 'n dag gaan praat dié grootmeneer toe met sy arm buurman. Sy buurman ontvang hom vriendelik en vra of hy wil koffie hê. Die ryke is ook vriendelik en vra kamma uit na die kinders: "Wat gaan jou oudste seun doen?"

"Nee, hy sal kom boer," sê die buurman.

"Waar?" kan die ryk boer nie help om te vra nie.

"Hier op die plaas," antwoord hy.

"Nee wat," sê die ryke, "ek sal jou help. Verkoop die plaas aan my en jy en jou seun kan lekker in die dorp gaan bly. Hy sal in elk geval 'n beter toekoms daar hê."

Die buurman slaan net sy hande saam en antwoord: "Nee, ek sal nooit verkoop nie. Dis erfgrond. Ons is gelukkig hier."

Toe glimlag die ryk boer nie meer nie. "Wat is jou prys?" Vir hom is daar niks wat nie met geld gekoop kan word nie. Maar die buurman lag net en skud sy kop. Sy plaas is nie te koop nie. Die rykman se planne is gefnuik. Sy dam, die pragtige kloof met die opleiwingerde en die aftreehuis duskant die populierbos is daarmee heen. Hy klim in sy 4x4 en verdwyn in 'n stofwolk.

By die huis gaan lê hy op sy bed. Sy kop is seer. So kry sy vrou hom. Sý was 'n moeilike mens wat geweet het hoe om te baklei vir haar saak. Toe die pille en dop nie haar man se kopseer laat bedaar nie, weet sy iets is verkeerd. Sy trek die storie uit hom uit. En is sy nie kwaad nie! Haar eer is op die spel, want háár man is verneder.

"Toe maar," troos sy, "gee mý 'n kans."

"Wat kan jy miskien doen?" grom die boer.

"Jy sal sien!" kom die antwoord.

'n Week later is die gemeenskap geskok oor die buurman se skielike dood. Op pad huis toe het sy bakkie se een band gebars. Die buurman het beheer oor die voertuig verloor en oor die krans gestort. Die bakkie het uitgebrand. Iemand sê dit het soos 'n geweerskoot geklink toe die bakkie se band gebars het ... Of, was dit vóór die band gebars het? Die buurman se plaas moes verkoop word, want sy skuld was te veel. Die ryk boer het dit gekoop.

Miskien het jy die verhaal van Agab en Nabot so vaagweg herken. Dit is 'n tydlose verhaal. Dit speel nie net in paleise en in herewonings af nie. Dit gebeur op enige plek, en in alle klasse van die samelewing waar selfsug en hebsug mense tot waansin dryf. Dit loop nie altyd op moord uit nie, maar dit vertel van die moord in mense se harte. Dit dryf hulle tot sluwe en agterbakse dade, laat hulle hul medemenslikheid verloor.

Dit kan met jou ook gebeur wanneer jou ideale obsessies word. Wanneer jy nie toelaat dat enigiemand in jou pad staan nie. Wanneer jy sê: "Kom wat wil, ek gaan my sin kry." Jy moet ander mense raaksien en eerbiedig in die bereiking van jou ideale, anders raak jy 'n Agab, 'n mensemoordenaar.

Klein jakkalsies

Materialisme is die oormatige waarde wat mense aan aardse besittings heg. Daar is grade van materialisme. Die uiterste vorm kan vergelyk word met die magtige netwerk van die mafia. Met hul korrupsie en geweld voer hulle 'n skrikbewind in Italië. Die saak waaroor dit vir hierdie boewe gaan, is niks anders nie as geldsug. Hulle sal alles doen om meer geld in die hande te kry.

Materialisme het egter ook sy "klein jakkalsies". Heel waarskynlik maak jy jou by geleentheid hieraan skuldig:

- Hoe bereken jy die waarde van dinge? In terme van geld en aansien?
- Wat het vir jou meer betekenis: iemand se finansiële vermoëns of sy geestelike vermoëns?
- Wanneer jou dogter en 'n kêrel kom kuier, vra jy of hy 'n Christen is, of vra jy wat hy doen?
- Leef jy dalk bo jou vuurmaakplek omdat die omgewing of woonbuurt waar jy bly dit van jou vereis?
- Is die swembad wat jy wil bou of die nuwe motor belangriker as jou bydrae vir evangelisasie?
- Waarom het jy ingestem om oortyd te werk – ter wille van die diens wat jy kan lewer, of bloot om meer geld te verdien sodat jy meer kan spandeer?

Sodra 'n mens die lewe deur rand-en-sent-oë begin sien, is jy 'n materialis. Geld kan jou so oorheers dat jy later in niks anders belangstel nie. Die verhaal van Agab vertel meer as net dat hy 'n materialis was. Dit bevestig dat hy 'n hebsugtige, sluwe, kinderagtige moordenaar was.

Waar jou hart is

Die betowering wat materiële dinge inhou, kry alte maklik 'n houvas op jou lewe. In Psalm 62:11 waarsku die psalmdigter: "As jou rykdom toeneem, moenie dat dit jou te na aan die hart lê nie."

Op baie plekke in die Bybel word daar teen die gevare van rykdom gewaarsku. Waarom? Die antwoord is eenvoudig: 'n mens raak maklik aan materiële dinge verknog. Dit gee jou sekuriteit. Dit laat jou goed voel. Dit gee ook in die meeste gevalle 'n mate van mag.

In Matteus 6:19-21 sê Jesus: "Moenie vir julle skatte op aarde bymekaarmaak waar mot en roes dit verniel en waar diewe inbreek en dit steel nie. Maak vir julle skatte in die hemel bymekaar, waar mot en roes dit nie verniel nie en waar diewe nie inbreek en dit steel nie. Waar jou skat is, daar sal jou hart ook wees."

Hierdie uitspraak van Jesus klink radikaal. Sou Hy die besit van aardse goedere afkeur? Staan Hy 'n vorm van totale armoede voor? Nee, dit lyk tog nie so nie. Die punt wat Jesus wil maak, is dat aardse goed vir jou nie te na aan die hart moet lê nie. Dit moenie vir jou te kosbaar raak nie. Sodra dit 'n skat word, begin die rooi ligte flikker. As die boer jaar ná jaar sy plaas uitbrei, maar nie die nodige aandag aan sy gesin gee nie of sy werkers laat swaarkry, het hy in die mot-en-roes-proses verstrengel geraak.

Aardse besittings is nie 'n sonde nie. Dit is gawes uit God se hand wat ons met vreugde kan geniet. Maar voorwaardelik: geniet dit tot eer van God. Jesus hou nie daarvan dat die glans van goud jou só verblind dat jy jou visie vir God se koninkryk begin verloor nie. Wanneer jou beleggings jou aandeel in die uitbreiding van God se koninkryk in die wiele ry, het jy jou hart aan die verkeerde god verpand.

*M*ot en roes

Tydens die Klondike-goudstormloop het twee vriende 'n kleim gevind wat ryk aan gouddraende erts was. Hulle het hard gewerk om so veel as moontlik goud in die hande te kry voordat ander mense sou opdaag om te deel in die goud. Hulle het egter nie vir die winter voorsiening gemaak nie. Miskien was hulle van plan om voor die koue te vertrek. Soos die goud meer geword het, het die kos minder geword. Toe die winter aanbreek, was hul kosvoorraad op. 'n Soekgeselskap het hulle ná die winter opgespoor. In die hut was 'n fortuin in goud ... en twee lyke van skatryk mans wat 'n hongerdood gesterf het.

Dié storie laat my wonder: is ons nie só besig om na "goud te delf" dat ons vergeet om vir die "winter" voorsiening te maak nie?

Here,
U weet hoe my oë blink as ek net
dink aan die moontlikheid
om 'n groot prys te wen,
of skielik te hoor ek is 'n miljoenêr ...
Geld en goed is vir my belangrik, Here –
ek dink tog dat ek met so 'n bietjie meer in die sak
soveel beter sal kan lewe;
dat ek meer tyd vir my gesin sal hê.
Here, ek weet dat ek ook aan die gevaar
van materialisme blootgestel is –
ek heg glad te veel waarde aan aardse sekuriteite,
want ek leef in 'n materiële kultuur
waar besittings mense se waardes bepaal.
Sal U vir my voorsien
soos wat dit in u oë goed is?
Ek dank U vir elke greintjie genade.
Dankie vir dié middele waarmee ek die lewe kan geniet,
waarmee ek kan bydra tot die uitbreiding van u koninkryk.
Leer my om nie só baie waarde aan aardse besittings te heg
dat ek my greep op die ewige waardes verloor nie.
Amen.

Seks en drank

Oor die gevare van seks en drank wil ek openhartig met jou gesels. Ek en jy gaan eerlik met mekaar wees. Wanneer dit by seks kom, dink die meeste mans hulle is dié kenners, terwyl hulle gewoonlik 'n groot gemors daarvan maak. Oor drank is dit ewe waar dat mans nie alleen onkundig oor die gevare van alkoholmisbruik is nie, maar ook baie onvolwasse oor die gewaande beeld van manlikheid wat aan drankgebruik gekoppel word.

Ek sê nie dat seks en drank uit die bose is nie. Ek waarsku net dat die Bose juis dié twee gawes gebruik om wrakke langs die lewenspad agter te laat. Dit is nie nodig nie. Daarom moet jy hier lees. Dalk kan jy iemand anders help wat besig is om balans te verloor.

Waarom oor seks praat?

Daar word dikwels oor seks gesels, maar te min vanuit 'n Christelike oogpunt. Ons het in 'n kerklike tradisie grootgeword waar die seksuele as privaat en geheim beskou is. Daar was selfs 'n tyd in die kerkgeskiedenis toe alles wat met seks te doen het as sonde beskou is. Die kerk het eeue lank oor dié onderwerp geswyg. Die wêreld, daarenteen, het al meer daaroor begin praat. Christene het 'n dubbele beeld van seks begin vorm. Die kerk het gewaarsku teen die negatiewe, terwyl die wêreld met kleur en geur vertel het van die lekkerte van seks. Wie is reg en wie verkeerd?

Die Bybel gee die gebalanseerde antwoord.

- Die seksuele is 'n gawe van God. Só het Hy die mens geskape en só moet hy wees.
- Die seksuele aangetrokkenheid tussen man en vrou en die eenwording van twee mense wat mekaar liefhet, is 'n saak van die Here. In Hooglied word die verwondering van 'n romantiese verhouding in intieme taal uitgespel. God wil hê dat die mens hom oor die opwinding en vreugde van die seksuele sal verwonder. Dit moet deel wees van 'n totale liefdespel wat meer inhou as net saamslaap.
- Sodra die seksuele bedryf word buite die verband waarin God dit bedoel het, raak dit gevaarlik en aftakelend. Daar is baie voorbeelde in die Bybel van seksuele verhoudinge wat verwoestende gevolge gehad het.

'n *Selfsugtige spel*

Daar is die bekende verhaal van die jongman wat net nie sy oë van 'n mooi vrou kon afhou nie. As dit maar by kyk gebly het, sou dit nie sulke ernstige gevolge gehad het nie. Maar hy wou besit. Omdat hy hom deur sy buitengewone liggaamskrag kon bewys, het hy sy sin gekry. 'n Mens kry die indruk dat die jongman homself nie kans gegee het om iemand lief te kry nie. Dit was sommer in die bed voor jy kon sê "Simson".

Hy het een van die belangrikste reëls vir 'n liefdes-verhouding uit die oog verloor: geestelike aange-trokkenheid. Sy meisies was sommer klipheidene. Tussen hom en hulle is min gesê. Hulle het net lig-gaamlike hartstog gedeel. Voor Simson se oë kon oop-gaan vir sy dwaling het ander mans sy oë uitgesteek.

Wanneer dit net oor 'n lyf en 'n mooi gesig gaan, gaan dit oor drange en begeertes en nie oor die wonder van liefde nie. Dan is die motief selfsugtig en word daar selde aan die ander party gedink. Ten spyte van die mooiste woorde en oortuigendste argumente, bly die feit staan dat 'n seksuele verhouding sonder omvattende verantwoordelikheid om niks anders as selfbevrediging gaan nie. Selfs al stem die ander persoon daartoe in en julle dink julle het mekaar lief, bly dit net 'n fisieke verhouding.

*H*oe dit hoort

Omdat die seksuele 'n gawe van God is, behoort dit geniet te word. Die Bybel hou seks egter as 'n voorwaardelike gawe voor. Die voorwaarde is dat dit net binne 'n bepaalde ruimte tot vervulling kom. Seksuele omgang tussen twee mense wat mekaar liefhet, kan eers waarde hê wanneer dit met trou aan mekaar, met verantwoordelikheid, beoefen word.

*H*ou só koers

- Erken en hou rekening met jou seksuele behoeftes. Onthou dat jy getroud is. Jou vrou is jou seksmaat en niemand anders nie — nie eens in jou gedagtes nie. Jy het volkome beheer oor jou gedagtes. Indien jy in jou gedagtes egbreuk pleeg, moet jy nie verbaas wees as jou oë en hande spoedig dieselfde pad volg nie.
- Onthou dat liefde meer as seksuele omgang is.
- Vermy prikkelende leesstof. Dit wek net jou behoeftes op waarin jou eie vrou al minder die hoofrol vertolk en seksfantasieë al meer jou gedagtes in beslag neem.
- Moet vir geen oomblik dink dat jy jou manlikheid bewys deur gewaagde seksgrappe te vertel nie. Daar is min dinge wat 'n man se seksuele onvolwassenheid so deeglik illustreer as die behae wat hy in siek seksgrappe vind. Dis

baiekeer 'n erkenning van die gebrek aan seksuele vervulling.

- Sorg dat jy binne die ruimte van jou huwelik die wonder van seksuele gemeenskap geniet. Gesels met jou vrou daaroor. Laat gemeenskap vir haar ook 'n plesier wees. Op dié manier sal seksuele vervulling vir jou veel meer as 'n biologiese orgasme word. Twee liggame word net werklik een wanneer twee siele saamsnoer in liefde.
- Hou altyd in gedagte dat liefde beteken om vir mekaar verantwoordelikheid te aanvaar. Liefde is totale oorgawe en onvoorwaardelike beskikbaarheid vir die een aan wie jy trou beloof het.
- Raak ontslae van idees dat jy jou manlikheid met seksuele truuks moet bewys. Die goed wat in sekswinkels verkoop word, is op 'n bepaalde mark gerig. Dié mark bestaan meesal uit mense wat nog nooit seks met die belangrikste toerusting – liefde – aangepak het nie. In die klimaat van opregte huweliksliefde sal die spel van seksuele liefde normaal ontwikkel.
- Sodra jy agterkom dat daar iets fout is met jou seksuele lewe moet jy onmiddellik met 'n deskundige gaan gesels. Kilheid by jou vrou, 'n gebrek aan orgasmes, tydelike impotensie of enigiets wat jou laat voel dat alles nie is soos dit behoort te wees nie, moet dadelik aandag kry.

*D*rank

Drankmisbruik is sonder twyfel een van die grootste euwels van ons tyd. Drankgebruik as sodanig is nie sonde nie. In die Bybel word wyn dikwels as 'n bate voorgestel. Onoordeelkundige benutting daarvan kan egter in 'n geweldige las ontaard.

Sodra jou drinkgewoontes jou werkverrigting belemmer, jou potensiaal onbenut laat, jou gesin of enige ander verhouding begin benadeel, jou gesondheid aantas en al die grense van die normale begin oorskrei, moet jy 'n slag eerlik bestek opneem. Drink jy in die laaste tyd al meer? Drink jy om van spanning ontslae te raak? Het drank 'n uitwerking op jou temperament? Het dit 'n uitwerking op jou seksuele lewe? Is jou vrou ongelukkig oor jou drinkgewoontes? Voel jy die volgende oggend skuldig?

Die Spreukeskrywer rig heelwat waarskuwings aan die man wat hom aan drank vergryp. "Wie is dit wat sug en steun, wat rusie maak en kla, onnodig seerkry en bloedbelope oë het? Dit is dié wat tot laat sit en drink, dié wat aanhou proe aan drank. Moenie dat die wyn jou verlei as dit so rooi is, so vonkel in die beker, so lekker smaak nie. Agterna pik hy soos 'n slang, spoeg hy gif soos 'n kobra. Dan sien jy vreemde dinge en praat jy verkeerde dinge ..." (23:29-13).

Iemand wat te veel drank drink, erken selde dat hy 'n probleem het. Hy glo hy het alles onder beheer. Hy moet egter oppas! Hy is dalk nie so goed in beheer as wat hy dink nie. Ek sê nie hy is 'n alkoholis nie. Hy moet net nie van sterk drank afhanklik raak nie. Dán is hy nie meer in beheer nie, maar word hy beheer. Moenie toelaat dat die sleutel van jou drankkabinet die sleutel tot jou ondergang word nie.

Vergeet van die mite dat manne hulle drank kan vát. Wat is nou so danig manlik daaraan om jou lewer – én lewe – geleidelik te verongeluk, van jouself 'n gek te maak en jou siel te besoedel met dronkmanspraatjies? Myns insiens lyk dít eerder na die beeld van 'n onvolwasse mens wat baie ongelukkig is.

Wees 'n man. Weet wanneer om te sê: "Dis genoeg." Geniet elke goeie gawe uit God se hand met danksegging. Moenie enigeen van sy gawes misbruik tot jou en ander se nadeel nie.

Here,
baie dankie vir die wonder van
my liggaam – dat ek 'n man kan wees en
dat 'n vrou vir my mooi en aantreklik is.

Dankie vir die wonder van seksuele omgang
tussen twee mense wat mekaar liefhet en
aan mekaar trou beloof het.
Mag dié wonder my altyd in verwondering laat
oor die grootheid en heerlikheid van u skepping.
Bewaar my daarvan dat dít wat kosbaar en heilig behoort te
wees ooit deur my woorde, gedagtes of dade
goedkoop en vuil gemaak sal word.
Bewaar my van enige vorm van perverse seks
of prikkelende leesstof
wat van 'n sielswonder niks meer
as 'n biologiese wellustigheid maak nie.
Bewaar my van oormatige sterk drank.
Help my om u goeie gawes met versigtigheid en
oordeelkundigheid te geniet,
met verantwoordelikheid en dankbaarheid,
sodat ek daardeur verryk sal word en
'n beter mens in u diens sal wees.
Amen.

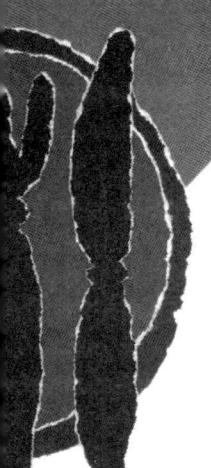

Maniere en giere

Jy dink seker nou ek klink soos jou ma of vrou se geheime agent. Of dat dit darem verregaande is om met 'n man oor sy maniere te praat! Dis mos sy eie saak. Ja nee, jy moet jou eie lewe op jou eie manier organiseer. Jou vrou sal jou wel herinner aan die moets en moenies en wat voor die kinders gepas is en wat nie. Maar onthou ook, in hierdie boek gesels ons openlik met mekaar, man tot man. Ons praat juis oor alles wat die plesier van manwees kan belemmer, wat jou beeld kan aftakel in plaas daarvan om jou te help om 'n sterker man anderkant uit te kom.

Maniere is niks anders as aangeleerde gewoontes nie. Dit het met jou styl te doen. Elke man het sy eienaardighede. Sy manier van doen is vir ander vreemd. En dis heeltemal in orde. Dit kan selfs 'n mate van indiwidualiteit aan jou gee. As jy verkies om jou middelpaadjie dwars oor jou kop te kam, is dit jou saak. Maar sodra jou maniere vir ander mense 'n verleentheid raak en selfs ongerief veroorsaak, moet jy weer daaroor dink. Want dan maak jy jou aan slegte maniere skuldig, en dít is vir geen man 'n aanwins nie.

Voorbeelde

Miskien stem jy nie saam met al die voorbeelde wat ek hier gee nie. Jy dink dalk dit is normaal. Doen my egter die guns om juis dít wat jy as normaal beskou goed te oorweeg. Is jy heeltemal reg? Is dit nie dalk net daar waar jy jouself aan swak maniere skuldig maak nie?

- Hoe is jou tafelmaniere?
  Omdat jy 'n man is, gee dit jou nie die reg om oopmond te
  kou, met 'n mond vol kos te praat, oor die tafel te rek en jou
  soos 'n vraat te gedra nie.
- Hoe tree jy in geselskap op?
  Is jy die luidrugtige een by partytjies wat almal vergas met
  jou kwinkslae? Neem jy alles oor tot die verleentheid van
  die gasheer? Onderbreek jy ander se gesprekke?
- Hoe ken die mense jou by die werk?
  Is jy die selfsugtige man wat sy pad oopbeur ten koste van
  ander? Vertel jy om elke hoek en draai gewaagde grappe? Is
  jy die ou vir wie die kantoormeisies lig loop?
- Hoe gedra jy jou teenoor die teenoorgestelde geslag?
  Probeer jy dalk die "macho"-beeld te ver rek? Behandel jy
  vrouens as dames of as seksvoorwerpe? Is jy bedagsaam en
  hulpvaardig, of noem vroue jou dalk 'n buffel, 'n ongeskik-
  te manlike chauvinis, 'n seksvraat ...?
- Watter soort mens is jy langs die sportveld?
  Is jy miskien die tipiese pawiljoenskurk wat meen dat een
  kaartjie vir jou die hele plek gekoop het, wat almal binne
  hoorafstand vergas met jou "pittige" aanmerkings, wat nie
  omgee om op te staan en ander se uitsig te belemmer nie?

Herken jy jouself iewers? Al dink jy dat dit nog nie te erg
onbeskof is nie, dink tog hieroor na. Hoe sal jy voel as ander
mans só optree?

*P*admaniere

Die man en sy masjien — 'n gedugte kombinasie. Mans bly
maar seuntjies; dis net die prys van hulle speelgoed wat ver-
skil, word gesê. Dis egter nie heeltemal waar nie. Mans is net
baie meer in motors en enjins geïnteresseerd as die skoner
geslag. So ver ek weet, is daar maar min mans wat nié oor 'n
nuwe motor gaande raak nie.

Dis juis hier waar die man se masker so maklik afval, waar hy sy ware kleure wys. Sommige mans ondergaan 'n "magiese gedaanteverwisseling" wanneer hulle agter hulle motor se stuur inklim. Hulle beskou hul ryding as 'n bewegende koninkryk waaroor hulle die alleenheerser is en waarmee hulle met mag alles wat voorkom, kan platry. Dié gedrag kry 'n mens op die pad, by vulstasies en op parkeerterreine.

Toe ek in die laerskool was, het ek saam met my ouers by 'n evangelisasiesaamtrek 'n jong prediker ontmoet. Die man het my en my ouers baie beïndruk. Hy kon 'n hond uit 'n bos uit preek. Hy was dinamies en sjarmant.

'n Paar dae later stop my pa by 'n vulstasie. In die aangrensende baan het iemand kwaai met die petroljoggie gestry. Hy het die tenk té vol gemaak en van die brandstof het uitgeloop. Die joggie het verskoning gemaak, maar die motoris het aanhoudend geskel. Die man wat 'n rukkie later met tollende bande weggetrek het, was die prediker van 'n paar dae gelede. Hoe teleurgesteld was ek nie!

Siel op die buffer

Jy kry ook die man wat sy siel geheel en al omdop en by wyse van 'n bufferplakker adverteer. Ek het al die eienaardigste belydenisse op bufferplakkers gelees, lagwekkendes, maar ook lelikes. Elke bufferplakker sê egter iets van die man agter die stuur. Wanneer sy agterruit en buffer nie verkondig dat hy al omtrent die hele wêreld vol getoer het, aan verskeie sportklubs behoort en vir 'n paar plekke baie lief is nie (kompleet met rooi hartjie), is daar 'n sombere waarskuwing of doodsdreigement vir enigeen wat dit te naby aan sy agterkant waag.

Elke ou sê sy sê op sý manier. Daarmee het ek vrede. Moet egter nie smaak verloor nie. Sommige bufferplakkers is soos 'n slegte grap: dit raak so gou suur dat dit liewer nie vertel moet word nie. Moenie dat ander mense 'n verkeerde mening van jou vorm oor dít wat jy op jou motor se agterkant adverteer nie.

Die mooi jongman met sy nuwe kar

Die Bybel vertel van 'n jongman wat hom aan slegte maniere skuldig maak – by uitstek. 'n Regte windlawaai, pierewaaier, rykmanskind, kansvatter ... en vreeslik ongemanierd. Billikheidshalwe moet 'n mens sy storie vóór begin.

Die Bybelskrywer vertel eers van die jongman se baie talente. Hy is in 'n paleis gebore. Hy het dus geleenthede en middele tot sy beskikking gehad wat normale mense nie het nie. Hy was intelligent – ook 'n oorerflike bate, maar nogtans iets wat gebruik moet word. Daarby het hy die manlike voorkoms by uitnemendheid gehad. 'n Mooi man was dié Absalom voorwaar. "In die hele Israel was daar niemand so mooi soos Absalom nie. Die mense het oral daaroor gepraat. Van kop tot tone het hy nie 'n enkele gebrek gehad nie" (2 Sam. 14:25). As hy aangestap gekom het, het die vrouens se monde droog geraak, hulle knieë lam. "Gelukkige derduiwel," dink jy seker nou.

Té veel voorregte kan egter 'n gevaar wees. Absalom het sy voorregte nie reg benut nie. Hy onderskei homself as 'n agteraf konkelaar (vgl. 2 Sam. 15). Hy wou baie mag en status hê en het niemand – nie eens sy eie pa nie – ontsien om sy ideaal te bereik nie. Hy het die moord op sy familie beplan en gedink dat sy "macho"-voorkoms hom oral sou deursien. Met sy nuwe motor (of sê dan maar kar en perde) het hy heelwat mense beïndruk: "Daarna het Absalom vir hom 'n kar en perde aangeskaf. Vyftig man het gewoonlik voor hom uit gehardloop" (2 Sam. 15:1). Alhoewel hy met sy skynbaar joviale optrede ver gekom het, het dit uiteindelik geblyk dat hy net vir homself gelewe het ...

Om vir jouself te lewe – is dít nie waaroor slegte maniere gaan nie? Jy is selfsugtig en gee nie om vir ander nie. Leef jy dalk net vir jouself? Op die een of ander wyse gaan jou maniere daarvan getuig! Pasop!

Hemelse Vader,
hierdie "maniere"-storie laat my nogal
effe ongemaklik voel.
Ek dink nie ek is te ongemanierd nie –
ek probeer darem gewoonlik my bes
om volgens gangbare standaarde op te tree;
ek is redelik bedagsaam teenoor ander mense;
ek onthou meesal wat my ma my geleer het oor tafelmaniere;
ek gedra my voor dames ...
Here, ek het egter ook my eienaardighede
wat ek as my persoonlike reg beskou ...
Miskien kan dit vir ander mense aanstoot gee.
Daarom vra ek dat U my sal help om my eie lewe onder die
vergrootglas te plaas –

om te weet watter gewoontes ek liewer moet laat vaar
en watter maniere eintlik slegte maniere is.
Help my om in my motor te onthou
om beleefd en bedagsaam te wees.
Laat die kruis van Christus die simbool wees
wat oor my lewe
en al my gewoontes en maniere geskryf sal staan –
die kruis wat my oproep om selfverloënend
en met liefde op te tree.
Amen.

DIE MAN EN SY VRESE

- **M**islukkings

- **S**iekte, gestremdheid en afhanklikheid

- **D**ie middeljare

- **A**ftrede en ouderdom

5

Mislukkings

> **Waarom kom die diepste openbarings in die lewe nie vanuit die mooie van die lewe nie, maar eerder uit die probleme wat ons ervaar? Dit is soos die seuntjie wat gesê het: 'Waarom is al die vitamines en minerale in spinasie en nie in roomys nie?' Ek weet nie. Jy moet dit maar vir God vra. Ek weet wel dat die vitamines in spinasie is soos wat God in elke stukkie woestynpad is.**
> – Harry Fosdick

'n Moontlike mislukking

Een van 'n man se grootste vrese is dat hy sal misluk – in sy werk, sy huwelik, sy gesin en in die samelewing. 'n Man se lewensdoel is om sukses te behaal. Sy lewe lank wedywer hy met homself. Hy is gereeld besig om sy prestasies te evalueer, om hom die vraag af te vra: "Doen ek beter as tevore?" Wanneer hy agterkom dat hy besig is om uit te val, raak hy onrustig en paniekerig. Dan sien hy die tekens van 'n moontlike mislukking. Ongelukkig is dit deel van die lewe om soms te misluk. Alles gaan nie altyd voor die wind nie.

> **If things are always coming your way, you are in the wrong lane.**
> – Anoniem

Die lewe is baie soos 'n mynveld. Soms trap jy 'n myn af, soms nie. Die verskil is egter dat jy sélf sommige "myne" plant en sélf verantwoordelik is vir die feit dat jy dit aftrap. Jy misluk miskien as gevolg van luiheid, onoordeelkundigheid, traak-my-nieagtigheid, voortvarendheid of wat ook al.

Jy kán egter die potensiële mislukkings voorkom. Wees nugter in die beplanning van jou toekoms. Moenie kanse waag ter wille van vinnige winste nie. Moenie nalatig wees wanneer jy met belangrike sake besig is nie. Nalatigheid het al baie mislukkings veroorsaak. Dit help nie om agterna te sê dat jy dit nie so bedoel het nie. Nalatigheid is 'n ernstige misdryf.

Ek het my lewe weggegooi

'n Boer het twee seuns gehad. Die oudste was 'n uit-geknipte boerklong. Harde werker. Pligsgetrou. Die jonger knaap is van kleins af bederf. Hy wou in alles sy sin kry. Weens hulle verskillende geaardhede sou hy en sy ouer broer nie op dieselfde plaas kon boer nie. Toe besluit die jongste om sy eie koers in te slaan en sy potjie op 'n ander manier te gaan krap. Hy is toe by die huis weg met 'n groot deel van sy erfporsie – wat hy nogal self vir sy pa gevra het!

Soos dit met koppige en onervare kinders gebeur, loop sake vir die mannetjie lelik skeef. Hy het wel 'n bietjie plesier uit die lewe gehaal, maar toe haal die lewe weer alles uit hóm uit. Op 'n dag bevind hy hom in 'n agterbuurt – bankrot en honger. Hy het van sy lewe 'n yslike mislukking gemaak. Toe hy nugter genoeg is, begin hy dink. Hy dink aan die pad soos hy gekom het. Hy besef hoe onnosel hy was om van die huis af weg te gaan. Toe vat hy die pad terug. Miskien sal sy pa vir hom 'n werkie hê. Hy berei 'n mooi toespraak voor. Hy sal sy pa om verskoning vra en die minste wees.

Maar toe verras sy pa hóm. Hy word met 'n fees terugverwelkom en kry die kans om weer voor te begin (vgl. Luk. 15:11-32).

*T*erug na die wegspringblok

Met dié verhaal wil ek sê dat mislukkings ook 'n positiewe keerpunt kan hê. Wees net bereid om soos die verlore seun jou skuld te erken en te bely, en loop die spoor terug na die wegspringblok.

Dit gaan in dié gelykenis oor 'n veel groter saak as dié van 'n seun wat weggeloop het. Dit gaan oor 'n mens wat sy doel so volledig gemis het dat hy met God uit pas geraak het, dat hy sy rug op sy hemelse Vader gedraai het.

As jy oor jou mislukkings nadink, sal jy vind dat die meeste ook was as gevolg van jou rug wat na God gedraai was. As 'n mens met God in pas bly, as jy sy wil soek en doen, sal jy nouliks die kans hê om doelbewus verkeerde besluite te neem. As jy reeds misluk het, is daar egter kans vir omdraai, bely en voor begin. God gee jou nog 'n kans. Nóú. As jy dink dat jy koers verloor het, dat jy in jou werk, in jou huwelik of waar ook al jou doel gemis het, gaan praat met die regte mense. Praat heel eerste met God. Jy hoef nie bang te wees vir die gevolge nie. Vir iemand wat weer met God in pas gekom het, wat weer op koers is na sy lewensdoel, is die lewe altyd 'n fees!

*E*k kan nie help nie

Daar is ook dié mislukkings wat jy nie kan verhelp nie. Wanneer omstandighede buite jou beheer alles laat skeef loop, is dit nie nodig om die bobbejaan agter die bult te gaan haal nie. Jy moet net voorbereid wees op sulke onvoorsiene gebeurtenisse.

'n Mens kan nie elke keer wen nie. Veral nie wanneer jy jou op die onderste sport van die suksesleer bevind nie. Dáár sal heelwat van jou probeerslae nie met sukses bekroon word nie. Vergelyk egter jou pogings met dié van 'n kind wat leer loop. Aan die begin, wanneer hy nog lomp en onbeholpe is, val hy gou. Maar hou hom dop: hy staan elke keer op en probeer weer. Dít is die enigste manier waarop jy mislukkings kan oorwin: probeer weer. Jy sal gou leer loop. Mense wat nie mislukkings kan hanteer nie, is diegene wat nie bereid is om te kruip voor hulle loop nie.

Hier is 'n paar wenke wat jou miskien kan help:

* Wanneer jy misluk, moet jy dadelik werk maak daarvan. Moenie ander mense blameer of allerlei verskonings soek nie. Dit help nie om in die verlede te boer nie. Doen so gou moontlik iets konstruktiefs aan 'n herstelprogram.
* Moenie trots en oorsensitief wees oor wat ander mense van jou mislukkings gaan sê nie. Wat maak dit saak? Terwyl jy op 'n hoop sit en jou eergevoel vertroetel, is die lewe besig om by jou verby te gaan. Wanneer jy effens verneder voel, vat dit soos 'n man. Mense sal vir jou meer respek hê as jy dadelik van voor af begin en jouself bewys.
* Beskou jou mislukkings as uitdagings. Die kopstamp en vallery maak 'n mens meer weerbaar vir die lewe. Stel vir jouself nuwe doelwitte. Leer uit jou foute.
* Deurdink die pad wat jy geloop het baie deeglik. Presies waar het die mislukking begin? Wat kon jy doen om dit te verhoed? Wat het jy verkeerd gedoen? Gesels met 'n ver-

troueling wie se insig jou kan help om foute raak te sien en te voorkom.

• Probeer weer!

Werkloosheid

Een van die groot vrese wat in die laaste aantal jare vir baie mense in ons land monsteragtige afmetings begin aanneem het, is die vrees dat hulle hul werk sal verloor. Vir baie mense is dié vrees al bewaarheid. Miskien het jy ook hiermee te kampe.

'n Man bewys hom in sy werk. Om te kan sê "ek het 'n werk" beteken dieselfde as om te sê "ek het 'n terrein waar ek my identiteit kan bewys". Daarom veroorsaak werkloosheid ook 'n identiteitsprobleem. 'n Man se selfbeeld kom in die gedrang. Hy begin hom afvra of hy nog hoegenaamd vir énig-iets goed is. Dít lei tot 'n minderwaardigheidsgevoel en een van die volgende reaksies ontstaan: gesinskrisisse, onttrek-king aan die samelewing of 'n gevoel van skaamte.

Die werklose raak verbitter en onvergenoeg – veral wanneer hy daarvan oortuig is dat hy nie vanweë sy eie toedoen werk-loos geraak het nie. Hy haat dit om van ander afhanklik te wees. Baiekeer is sy vrou die enigste broodwinner. Hul lewen-standaard moet verlaag word. Dít raak weer die kinders. Pro-bleme raak al meer.

Werkloosheid ís 'n groot knelpunt en 'n mens verstaan dat 'n man wat homself graag wil bewys en uitleef hierdie pro-bleem vrees. Wat dóén jy aan die vrees? Ons het in die afge-lope tyd telkens gehoor dat mense hulle werk verloor het vanweë rasionalisasie en ander aksies. Talle afgestudeerdes sit al jare lank sonder werk. Miskien is jy of jou kind een van hulle. Wat nié sal help nie, is om daaroor te tob en die blaam op ander mense te plaas. Wat gaan dit aan die saak verander? Dit gaan nie vir jou werk gee nie. Jy sal 'n plan van aksie moet bedink – voorkomend indien moontlik en herstellend in gevalle waar dit reeds 'n probleem geword het.

Voorkomend

Dit is nie maklik om te weet wanneer jy onder die valbyl van afdanking gaan beland nie. Indien jy dit vrees en daar selfs maar net die vaagste vermoede is dat dit met jou kan gebeur, moet jy iets daaraan probeer doen.

Stel vas of daar moontlik 'n plan B vir jou bestaan. Is jou vrese enigsins gegrond? Jaag jy nie dalk onnodig spoke op nie? Stel vas of jy dalk 'n ander werk kan kry. Dit is beter om vanuit 'n posisie van sekuriteit te beding as vanuit 'n werklose situasie. Kyk na jou huislike begroting. Leef julle nie dalk te luuks nie? Kan julle nie nou al begin spaar vir die moontlike reëndae nie?

Die belangrikste is dat jy positief en kreatief in jou werk sal bly. Moenie entoesiasme verloor nie. Dan gaan jy vir seker die een of ander tyd jou werk verloor. Dissiplineer jouself om hoopvol te lewe. 'n Mens wat gedurig oor negatiewe beriggewing tob en neul, maak homself en almal rondom hom ongelukkig.

Herstellend

Indien jy wel jou werk verloor, moet jy bogenoemde wenke by jou omstandighede aanpas. Stel dadelik 'n tussentydse begroting op. Hou saam met jou gesin kajuitraad oor die situasie. Dit is 'n situasie waarin 'n gesin mekaar moet ondersteun. Die pa mag nie alleen verantwoordelik gehou word nie. Klop by die naaste entrepreneursklub of hulpaksie aan vir raad en ondersteuning. Steek jou trots in jou sak. Dis geen skande om werk te soek nie. Dis 'n skande om agter geslote deure te sit en niks te doen nie.

Wanneer jy moedeloos en onseker is as gevolg van omstandighede buite jou beheer, verkry God se Woord en jou geloof nuwe betekenis. Jy leer ken die egtheid van jou geloof, maar ook die krag van gebed en die onuitspreeklike gawe van berusting en vrede.

'n Kunstenaar het gaan kuier by 'n vriendin wat baie hartseer was oor 'n inkvlek wat per ongeluk op haar baie kosbare sysakdoekie beland het. Hy het die sakdoek by haar geneem en na 'n paar dae terugbesorg. Met die onuitwisbare inkvlek as instellingspunt het hy 'n pragtige kunswerk in Indiese ink op die sakdoek aangebring. Die sakdoek was mooier en baie kosbaarder as tevore.

Die tragedies en mislukkings wat ons harte breek, kan die beginpunt vir 'n veel mooier patroon in ons lewe word. Wees geduldig oor die seerkry in jou lewe. Dit kan in die hande van die hemelse Kunstenaar dien tot veel groter sukses as waarop jy gehoop het.

Liewe Here,
U weet dat ek soms wakker lê oor my werk
en die onsekerheid oor die toekoms.
Sê nou maar ek verloor my werk?
Sê nou maar ek misluk in my opdragte?
Here, U weet dat ek al 'n paar mislukkings agter die rug het.
Dit pla my dat ek iets aangepak het
wat ek nie kon voltooi nie.
Is ek miskien nie opgewasse vir my werk nie?
Is ek miskien nie in staat om iets behoorliks te doen nie?
Wat van my toekoms, Here?
Sal ek ooit iets in die lewe bereik?
Sal ek bevorder word?
In my huis en huwelik is ek ook bang om te verloor.

Soms wonder ek of ek die paal as eggenoot en pa sal haal.
Here, help my om nie moed te verloor nie;
om nie oor mislukkings te tob nie;
om nie tou op te gooi as ek nog soveel kanse het nie.
Gee dat ek die mislukkings en teleurstellings sal sien
as geleenthede om weer te probeer en met u hulp
'n sukses te maak.
Dankie dat U my nie as 'n mislukking beskou nie,
maar dat U van my lewe 'n sukses vir u koninkryk wil maak.
Amen.

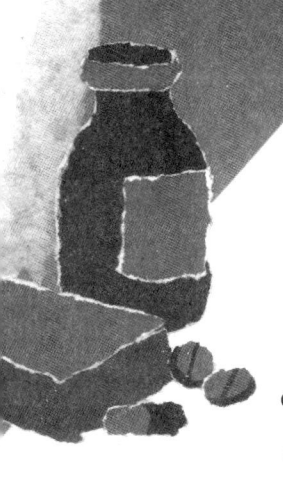

*S*iekte, gestremdheid en afhanklikheid

Don Wessels was sportief en vol energie. Hy was hoofseun, gewilde vriend en klasmaat – 'n man met groot ideale. Ná matriek is hy weermag toe. Terwyl hy grensdiens gedoen het, het 'n handgranaat in sy hande ontplof. Hy was maande lank in die hospitaal. Die dag toe hy huis toe kom, was hy blind en sonder die gebruik van sy hande. Sy gesig was vol skrapnelmerke. Sy lewensdroom was verpletter.

Maar Don se gees was nie gebreek nie. Hy het letterlik en figuurlik weer opgestaan. Met die hulp van sy ouers, familie en vriende het hy stadig maar seker vir homself 'n pad oopgeloop. Met 'n gidshond aan sy sy het hy begin klasloop op Stellenbosch. Sy enigste "handgebruik" was twee vingers wat kunsmatig aan sy regtervoorarm aangebring is. Al sy lesings is met 'n bandopnemer opgeneem en sy ma en vriende het dít wat hy wou sê, oorgeskryf. Hy het 'n spesiale rekenaar met voetpedale gekry waarop hy sy seminare en antwoordstelle gedoen het.

Don het binne vier jaar sy graadkursus voltooi. Hy werk nou as skakelbeampte vir 'n skool vir gestremde kinders. Met behulp van 'n motorbestuurder gaan besoek hy skole en inrigtings ten bate van sy werk. Hy woon in sy eie woonstel en doen alles op sy eie manier. Don lewe omdat hy **gekies** het vir die lewe.

Siekte en gestremdheid is sekerlik een van die grootste vrese wat daar in die gedagtes van enige mens bestaan. Benewens die feit dat jou normale lewensfunksies belemmer word, is jy afhanklik. Miskien is dít die grootste vrees – om afhanklik te wees, om nie daartoe in staat te wees om op jou eie klaar te kom nie, om gedurig ander mense in die oë te moet kyk.

Siekte

Mans is ten spyte van hulle manlike en dikwels grootdoenerige uiterlike baie meer kleinserig as die skoner geslag. Hulle is gewoonlik vir dokters so bang soos die duiwel vir 'n slypsteen. Hulle sal mekaar disnis slaan op die rugbyveld, maar sidder wanneer hulle 'n inspuitnaald sien. 'n Verkoue is iets kort by 'n dodelike siekte en hoofpyn een van die grootste ellendes wat hulle kan oorkom. Selfbejammering oor die geringste fisieke ongesteldheid het hulle al tot 'n kuns afgerond. Ek ken 'n paar geslagsgenote wat 'n hele "apteek" saamry waar hulle ook al gaan, net vir die wis en die onwis.

Hierdie oorsensitiwiteit vir ongesteldheid is nie om dowe neute nie. Dit is die openbaring van 'n diepgewortelde vrees vir ernstige siekte.

Siekte ís ontwrigtend. Jy is weg van bekendes, afhanklik van ander mense. Jou gewone lewensprogram is ontwrig. Jy voel broos. Jy dink jy het beheer oor die lewe verloor.

Wie is in beheer?

Nie meer baas van die plaas nie. Dit is enige boer se nagmerrie. Die gevoel dat hy nie meer in beheer is nie, dat ander mense of omstandighede hom beheer, kan 'n man nie verdra nie. Dit is juis sy grootste "bate" dat hy die leisels hou, dat hy aan die roer van sake staan.

'n Man wat 'n sterk rol in sy firma speel en as kantoorhoof gesag afdwing, het in die hospitaal beland ná 'n hartaanval. Toe ek hom besoek, was hy sommer behoorlik iesegrimmig en onvergenoegd. Hy bieg toe: "Jy sien, dis die eerste keer in my lewe dat ek lê terwyl ander mense staan. Die ergste vir my is die ruiker van die kantoor met 'n "word gou gesond"-kaartjie onderteken deur al die vrouens. Ek voel of ek in die kraamsaal lê!"

Interafhanklikheid

Mans haat dit om afhanklik te wees. Dit het miskien te doen met daardie chauvinistiese (?) eilandsindroom. Ek is baas. Mense is van my afhanklik. Ek is die broodwinner. Ek deel werk uit. Om net te dink dat ek behandel moet word, my mond moet oopmaak vir 'n lepel medisyne, my broek moet aftrek vir 'n inspuiting, in 'n rolstoel rondgestoot moet word – dis afgryslik! Só werk 'n man se kop.

Maar dié saak het ook 'n ander kant. Die beste voorbeeld van pure manlikheid bly maar 'n onvolwasse seuntjie wat nog nie geleer het dat mense nie anders kan as om van mekaar afhanklik te wees nie. Moenie bang wees vir afhanklikheid nie. Jy is selfs op jou sterkste 'n afhanklike mens. Dis geen skande om iets uit iemand anders se hand te neem nie. Jy kan nie in liefde en onvoorwaardelik gee as jy nie ook in nederigheid en dankbaarheid kan neem nie.

Aan wie behoort die lewe?

Wanneer 'n mens se lewe bedreig word, besef jy eers hoe kosbaar dit regtig is. Dit is nou maar so dat ons almal dié kosbare gawe as vanselfsprekend aanvaar totdat ons op 'n dag besef dat ons nie self daaroor beskik nie. Dit word vir ons gegee, maar kan ook weggeneem word.

Siekte laat jou besef hoe kosbaar die lewe is. Wanneer jy siek is, raak jy óf bang dat jy die lewe gaan verloor, dat jou lewenstyd ingeperk gaan word, óf jy is dankbaar vir die lewe wat jy nog het en benut jou lewenstyd beter. Moenie dat siekte vir jou 'n las word en allerhande obsessies daaroor kry nie. Laat dit eerder vir jou 'n aansporing wees om die lewe ten volle en ten beste te benut.

Moenie siekte vrees asof dit beteken dat jy aan onbekende magte buite jou beheer uitgelewer is nie. Al mag dit so wees, is dit nie buite God se beheer nie. Jou lewe is vir God kosbaar. Hy sal nie toelaat dat jou lewe deur sy vingers glip nie.

Bill Mann, 'n bekende gospelsanger van Amerika, vertel van een van die merkwaardigste ervarings wat hy nog beleef het. Ná sy konsert is hy na sy kleedkamer waar 'n vrou vir hom gewag het. Sy was doofstom en blind. Haar begeleidster het gevra of hy nie sy laaste lied weer vir haar wou sing nie. Hy het dadelik ingewillig. Met haar gesig naby aan hom en haar hande op sy stembande het sy "geluister" terwyl hy gesing het: "Were you there when they crucified my Lord?" 'n Traan het langs haar wang afgerol en sy het 'n boodskap na haar begeleidster gesein. "Wat sê sy?" wou Mann weet. Helen Keller het gesê: "I was there!"

Dink jy gestremdheid van watter aard ook al is ondraaglik? Hierdie vrou was blind, doof en stom, en sy het gelééf. Deur haar lewe het baie ander mense die lewe ontdek.

146

Miskien is ons vrees vir siekte en gestremdheid baie nou gekoppel aan ons selfsugtige manier van lewe. Ons wil nie aan bande gelê word in wat ons as 'n voluit lewe beskou nie. Ons is bang om te verloor wat ons as ons eie beskou. Ons eie "EK" geniet die hele tyd voorkeur. Siekes en gestremdes wat lééf, weet hoe om onselfsugtig te lewe. By hulle ontvang jy baie meer as wat jy kan droom om te gee.

*M*oenie vrees nie

'n Mens soek nie vir siekte en gestremdheid nie. Jy leef versigtig en vermy gevaarsituasies. Siekte en gestremdheid beteken egter nie die einde van die lewe nie. Leer uit sulke mense se getuienis hoe kosbaar die lewe is en benut jou vermoëns ten volle. Wees minder selfsugtig en help ander mense. Onthou, 'n gestremde of sieke soek ook aandag. Moenie wegkyk of verbyloop nie. 'n Woord van waardering en aanmoediging sal vir hulle goud werd wees. Hulle is nie minderwaardige mense nie.

*D*ie koning wat nie wou sterf nie

Konings is mense wat alles denkbaar tot hulle beskikking het. Hoeveel keer het ek nie al gewens ek was 'n koning nie. Om darem net met 'n woord of handgebaar my sin te kry! Daar is egter een ding wat selfs 'n koning nie besit nie: die lewe. Dit word ook net geleen aan konings.

So was daar 'n koning met wie dit goed gegaan het. Hy was voorspoedig in alles wat hy gedoen het. 'n Modelkoning.

Maar toe raak hy siek. Hy weet nie wat hom makeer nie. Dokters was destyds nog nie so slim nie en dit raak toe vir dié belangrike man so stadigaan nag. Die predikant word ingeroep. Hy skud net sy kop – dit lyk of die dood op pad is. Die koning is baie hartseer. Hy is veertig jaar oud, in die fleur van sy lewe. Hy wil nie nou al doodgaan nie. Toe bid hy. Die Here luister na sy gebed en beloof om hom gesond te maak. Die koning kry nog 'n kans.

Hiskia se verhaal kan jy in 2 Konings 20:1-11 lees. In Jesaja 38:9-20 prys hy vir God omdat Hy hom gesond gemaak het. Ons leer hier hoe Hiskia sy omstandighede verwerk het, hoe hy op siekte en lewensgestremdheid gereageer het. "Dit was vir my goed om soveel te ly; U het my lief, U het my uit die dood gered; U het al my sondes vergewe. Net hulle wat nog lewe, kan U loof, so doen ek dit vandag" (Jes. 38:17, 19). Sal jý ook so op siekte kan reageer?

Hemelse Vader,
baie dankie dat ek gesond is
en sonder belemmering kan lewe.
Dankie vir die voorreg om nie vir my
basiese lewensbehoeftes
van ander mense afhanklik te wees nie.
Here, U ken my vrese –
U weet hoe bang ek is vir siekte
en pyn
en gestremdheid.

*Miskien is dit waar dat ek bang is om
op watter manier ook al afhanklik te raak;
miskien het ek reeds té onafhanklik geraak
en dink ek dat ek oor die lewe beskik.
Here, leer my verstaan dat ek nie net vir U nodig het om
gelukkig te kan lewe nie,
maar dat ek ook ander mense nodig het.
Laat my besef dat siekte en lyding
nie die einde van die lewe is nie,
maar die uitdaging om die lewe ten volle te benut.
Dankie, Here, vir die voorbeeld van so baie mense wat
ten spyte van gestremdheid en siekte
die volheid van die lewe ontdek het.
Amen.*

Die middeljare

'n Man vrees nie sy middeljare nie, omdat dit iets is waarmee hy nie bewustelik rekening hou nie. Dis een van daardie dinge wat net met jou gebeur. As jy jou kom kry, is jy nie net middeljarig nie, maar gaan jy deur 'n aantal vreemde ervarings wat jou bang maak.

Skielik is jy bang ...

- dat jy besig is om jou identiteit te verloor.
- dat jy waardeloos is.
- dat jy toegelaat het dat die lewe by jou verbygaan.
- dat jy bevordering verbeur het.
- dat jy nie 'n goeie pa vir jou kinders en eggenoot vir jou vrou is nie.
- dat jy te min plesier uit die lewe gehaal het.

Jy ondervind sekere emosionele veranderinge:

- Jy raak al meer gespanne oor onbenullighede.
- Jy is krities en foutvinderig.
- Jy is onseker in die hantering van probleme.
- Jy is futloos en nie lus vir uitdagings nie.
- Verhoudingskrisisse kom al meer voor.
- Skielik is jy ongeërg oor wat ander mense sê en dink.
- Jy begin jou lewenswaardes betwyfel — dit is immers dié waardes wat jou jare lank gevange gehou het.
- Jy wend 'n desperate poging aan om uit die kassie te klim waarin jy al soveel jare sit.

150

Herken jy dié simptome? Veels geluk! Jy is middeljarig ...

Die lewe begin by veertig!

Hierdie vrolike uitspraak klink alte veel na 'n suigstokkie wat vir ná die medisyne gehou word. Vir baie mense gaan die middeljare met heelwat medisyne gepaard. Dit is goed as jy bewustelik hiervoor gereed kan maak.

Veertig beteken nie dat jou lewe met 'n towerslag gaan verander nie. Die verandering kom soms vroeër, soms later. Dinge verander binne-in jou. Dit begin by 'n skaars merkbare onsekerheid, depressie en allerhande onverklaarbare gevoelens. Dan sit jy op 'n dag oor jouself en tob – sommer behoorlik en tob – en wonder of alles ooit die moeite werd is.

Rowland Croutcher skryf in *Rivers in the desert* dat hy in sy veertigerjare goed oor homself nagedink het. Waar kom ek vandaan, wat het ek bereik en waarheen is ek op pad? het hy hom afgevra. Uit dié oefening het hy geleer dat die lewe nie eers by veertig begin nie, maar dat daar in sy eie lewe 'n betekenisvolle verstaan van homself en die lewe begin posvat het. Sy lewe het meer sinvol begin verloop. Croutcher het tot die volgende slotsom gekom: Ek is 'n unieke skepsel van God. Ek is vir God waardevol en ek het waarde vir ander mense.

Middeljare-depressie

Daar is ook iets soos middeljare-depressie. Dis wanneer jy, soos Croutcher hierbo, oor jouself begin dink en die uiteindelike prentjie negatief is. Isak de Villiers skryf daaroor in sy boek *Depressie – die siekte van ons tyd*. Hy sê "mans wat die meeste deurloop, is gewoonlik om en by vyftig jaar. Boaan die lys staan perfeksionistiese sakemanne of presteerders, mense met 'n buitengewone werkvermoë wat by die psigiater spog dat 'vier uur slaap vir my oorgenoeg is'. Persone wat ook kwaai deurloop, is mense wat as kinders veel moes ontbeer." Sy slotsom? "Die middeljare is die ouderdom van die jeug en die jeug van die ouderdom."

Waarna soek jy?

Ek dink die groot versugting van die middeljare is na sekuriteit en menswaardigheid. 'n Mens wil nie net weet dat jy waardes versamel nie, maar ook dat jy waardevol is. Daarom word jou huwelik, werk, gesin, vriendekring en geloof vir jou in dié tyd krisisareas.

Veronderstel jy bevind jou iewers in jou middeljare met die gevoel dat alles nie meer reg loop nie. Hoe sien jou lewensprofiel daar uit? Tot nou toe het jy vorentoe geleef. Daar was altyd die moontlikheid van nuwe uitdagings. Bevordering by die werk. Selfs die moontlikheid van verandering van werk. Jou kinders was in verskeie opsigte van jou afhanklik. Jy het gevoel dat jy die leier in die huis is. Jy het die tjeks uitgeskryf; die finale toestemming gegee.

Nou is die kinders waarskynlik uit die huis en 'n groot deel van jou uitvoerende rol is uitgespeel. By die werk lyk dit nie meer asof jy al die aandag kry nie. Die klem val op jonger, geesdriftiger kollegas. Dit voel asof mense jou gebruik, terwyl jy onmisbaar wou wees. Dan begin jy tot stilstand kom. Jy markeer die pas. Jy neem bestek van die jare wat verby is. En al die antwoorde wat jy kry, is nie ewe vleiend nie.

Desperaat

Dis dán dat jy desperaat raak. Jy dink jy het kosbare lewenstyd verloor. Jy wonder: Wat hét ek per slot van rekening met my lewe gedoen? Was ek nie maar al die jare net 'n pion van ander mense se verwagtinge nie? Het ek nie net geword wat my ouers wou hê nie? Het ek nie 'n kleimodel van my vrou se verwagtinge geword nie? Is ek regtig gelukkig getroud? Verstaan my vrou my hoegenaamd? Het die kinders my regtig lief? Is ek nie maar net die voorsiener nie?

Ontvlugting

En dan kom die vraag: Wat kan ek doen om uit hierdie on-sekere bestaan te ontsnap?

Baie mans ondervind in hierdie tyd die drang om hulleself in 'n seksuele verhouding te bewys. In die tipiese werksitu-asie waar hulle met vroue te doen kry wat meesal aan hulle ondergeskik is, kom daar nogal verbasend baie geleenthede voor vir nuwe verhoudinge. Die opwinding en uitdaging van 'n buite-egtelike verhouding hou vir hulle 'n sekere presta-siekwaliteit in. Hulle kan hulle selfs verbeel dat hulle werk-lik lief is vir die ander party.

So 'n verhouding beïnvloed die man se huwelik nadelig. Impotensie word 'n probleem. Skuldgevoelens maak hom oorkrities en geïrriteerd. Hierdie krisis-emosies lei tot dras-tiese ontvlugtingstegnieke, soos 'n verandering van werk en egskeiding.

Wees voorbereid op jou middeljare

Baie van jou gevoelens berus op veranderde omstandighede waaraan jy weinig of niks kan doen nie. Jou verwerking daar-van kan wel 'n groot verskil maak ten opsigte van die uit-werking wat dit op jou toekoms gaan hê. Probeer gerus die volgende wenke volg:

- Ontdek jouself.
  Miskien moet ek liewer sê: herontdek jouself. Elke mens het 'n selfbeskouing. In jou middeljare begin jy daaroor wonder. Is ek wat ek dink ek is? In jou selfontdekking moet jy weet dat jy vir God belangrik is. Hy sê dit vir jou in Jesa-ja 43:4-5: "Omdat jy vir My kosbaar is, omdat Ek jou hoog ag en jou liefhet, gee Ek mense in jou plek, volke in ruil vir jou lewe. Moenie bang wees nie, Ek is by jou." Hierdie woorde is ook vir jóú bedoel.
- Werk aan jou huwelik.

In jou veertigerjare probeer jy jou so hard in jou werk bewys dat jy te min aandag aan jou huwelik gee. Jou vrou is besig om haar rol as die ma van hoërskoolkinders te vertolk. Dit is 'n veeleisende rol. Sy is ook by verenigings en kerklike aktiwiteite betrokke. Julle sien mekaar feitlik net aan die etenstafel en saans in die bed. Dan is julle moeg. Daarom moet jy tyd maak vir jou huwelik, vir werklike kwaliteittyd saam met jou vrou.

'n Vriendin van ons gesin het 'n boek oor die man se middeljare iewers geleen en met groot ywer begin bestudeer. Sy het die boek hoofstuk vir hoofstuk saam met haar man deurgelees. In die boek (wat vir die vrou van die middeljarige man geskryf is) word die vrou ernstig aangespoor om die man se middeljaarkwinte te verstaan en hom so sagkens moontlik te behandel. Ons vriendin se man het dié behandeling volmondig onderskryf. Dit het gelyk asof dié boek vir hom winsgewende middeljare voorspel.

Maar toe gee sy vrou haar interpretasie: "As dít is hoe dit is, dan loop ek!"

Dit lyk my jy sal maar nie te veel van jou vrou moet verwag nie. Sy is ook maar net vlees en bloed. 'n Huwelik slaag wanneer albei partye hulle kant bring.

• Besin oor jou werk.

Wat het jy bereik? Kan jy nog bevorder word? Is jy bereid om daarvoor te werk? Indien jy met jou huidige posisie tevrede moet wees, hoe kan jy jouself op die beste manier daarin uitleef? Onthou, jou werk is deel van jou roepingsvervulling. Jy moet diensbaar wees. Daarom werk jy as Christen in die eerste plek om die Here tevrede te stel.

154

- Formuleer jou geloof.
  Dink weer 'n slag oor die kernwaarhede van jou geloof.
  Gaan lees byvoorbeeld weer die belydenis wat jy afgelê het
  toe jy lidmaat van jou kerk geword het. Wy jou lewe weer
  aan die Here toe. Dit sal vir jou nuwe sekerheid en veer-
  krag gee.

Liewe Heer,
U weet dat ek my nie eintlik gesteur het
aan al die praatjies
oor middeljare en stres en krisisse nie.
Nou ervaar ek 'n paar emosies wat klink na
middeljare-simptome –
ek voel of ek die einde van 'n pad bereik het by my werk,
ek is met alles en almal onbeskof,
ek is verveeld met my huwelik,
ek en my kinders verstaan mekaar nie meer nie ...
Here, wat gaan aan met my?
Help my asseblief om weer perspektief te kry –
op myself,
my werk,
my huwelik en my geloof.
Ek wil graag aan u Woord en beloftes vashou.
Bewaar my van oorhaastige besluite en onsinnige optrede.
Here, ek het my ankers nodig.
Wees daar vir my in hierdie onsekere tyd.
Dankie vir die versekering dat U vir my omgee
en dat U my liefhet.
Amen.

*A*ftrede en ouderdom

> 'n Mens raak oud wanneer jy jou
> ideale prysgee. Jare kan wel die gesig
> verrimpel, maar 'n gebrek aan
> entoesiasme laat die siel verrimpel.
> — J. S. Hewett

Aftrede is die droom wat baie mans begin vrees hoe nader hulle daaraan kom. Dit word 'n nagmerrie. In hulle middeljare, wanneer die werkprogram druk is en hulle nie gedoen kry waaroor hulle so lank al droom nie, hoor jy dikwels hulle sê: "Jy moet darem sien wat ek alles gaan aanvang wanneer ek aftree!" Selfs hulle vrouens sien na die aftrede uit, want hulle sal dan die kans hê om rustig saam met hulle mans te doen wat hulle nog altyd wou doen.

Maar, is dit werklik die vervulling van 'n droom wanneer jy die laaste keer die kantoordeur agter jou toetrek? Waarom het dit vir baie mans 'n nagmerrie geraak? Nog erger: waarom ervaar baie mans dit inderdaad as 'n skrikwekkende ondervinding?

*A*ftree-realisme

Sodra jou geluk net altyd in die toekoms lê, bly dit jou voortdurend ontwyk soos die pot goud aan die einde van die reënboog. Met aftrede is dit ook so. As dít die nirwana is wat jou van die aakligheid van werk moet bevry, sal jy dit nie so rustig vind nie. Om verskeie redes. Dwarsdeur jou lewe vra jy jou af: wat is ek werd? In jou werk bewys jy jou waarde. Jy vul 'n pos. Jy doen iets konstruktiefs. Daar is 'n nis waar jy inpas. Wanneer jy aftree, wonder jy: wat is ek nou werd? Die werkende man wat gedink het hy is niks werd nie, dink hy is ná aftrede nog minder werd. Niemand het hom nodig nie. By die werk het hulle van hom vergeet. Hy het niks agtergelaat wat mense aan hom sal herinner nie. Hy is al weer besig om te wedywer op die mark van afgetredenes ... om homself te probeer bewys.

*D*eeglike beplanning

Op pad na jou aftrede moet jy baie realisties rekening hou met 'n aantal feite. Dan kan jou aftrede sinvol wees.

- Beplan deeglik. Jou woonplek, lewenstandaard, vriende-kring en kinders speel 'n groot rol by die beplanning van jou aftrede. Jy moet in ag neem dat omstandighede met die tyd kan verander. Daarom is dit nie so goed om té lank voor die tyd detailbeplanning te doen nie. Ter wille van jou en jou gesin se gemoedsrus, moet jou beplanning egter 'n paar jaar voor jou aftrede afgehandel wees.
- Beplan die finansiële aspekte rondom aftrede. Raadpleeg 'n finansiële adviseur en sorg dat jou voorsiening vir jou afgetrede jare voldoende is om sorgvry te lewe. Moet egter nie só baie voorsiening vir jou aftrede maak dat jy jou bankrot betaal aan polisse nie. Hou 'n goeie balans.
- Jou huisvesting is belangrik. Pasop vir 'n droomhuis wat jy nie goed ken nie. Dit is 'n groot ontwrigting wanneer jy verhuis. Jou vriendekring en bekende dinge moenie te gou vir die onbekende verruil word nie.
- Jou gesin se behoeftes bly belangrik. Beplan saam met jou vrou. Haar behoeftes kan dalk van joune verskil. Sy wil naby die kinders wees, terwyl jy liewer die gholfbaan wil sien. Alhoewel kinders belangrik is, kan hulle verhuis.

Kies 'n plek wat vir jou en jou vrou die beste waarde vir julle totale behoeftes bied.

- Jou kerklike betrokkenheid en jou buitemuurse belangstellings speel 'n groot rol in aftredebeplanning. Hoe ouer 'n mens word hoe meer kry jou kerk en vriende vir jou waarde. Sorg dat jy binne 'n gerieflike afstand van jou kerk en die nodige winkelsentra is.

*O*udword?

Op Winston Churchill se tagtigste verjaardag het 'n fotograaf grappenderwys vir hom gesê: "Ek sal op jou honderdste verjaardag weer 'n foto neem."

Churchill het geantwoord: "Ek sien geen rede waarom dit nie kan gebeur nie, jongman. Jy lyk vir my gesond genoeg!"

Ek dink die eintlike vrees vir aftrede het met ouderdom te doen. Mense wat op vyftig nog heerlik droom oor aftrede, kom in die laat vyftigerjare skielik daarteen in opstand. Hulle het agtergekom dat aftrede en ouderdom met mekaar verband hou. Hulle wil lank lewe, maar nie oud word nie.

Ouderdom kan 'n pynlike ervaring wees. Daar is 'n hele rits ouderdomverwante siektes waarmee jy moet rekening hou. Dis veral die man wat lewenskwaliteit so geredelik, en verkeerdelik, koppel aan liggaamskragte en spiervermoë wat met ouderdom 'n ernstige probleem ondervind. Die aftreehuis by die stranddorp (waar hy elke dag by die viswaters sou wees) moet verruil word vir 'n klein woonstelletjie naby 'n hospitaal (waar hy elke derde dag 'n inspuiting moet kry).

*L*ewenskwaliteit

Die sleutel tot gelukkige aftrede en sinvol oudword, lê opgesluit in die woord "lewenskwaliteit". 'n Mens moet jou lewe lank met dié woord werk. Jy moet telkens weer dié vraag beantwoord: Wat gee vir my persoonlik kwaliteit aan die lewe en hoe gee ek persoonlik aan die lewe kwaliteit?

Dr. Martin Gumpert het gesê verveeldheid is die grootste vyand van ouderdom. Michelangelo het gedigte geskryf en geboue beplan tot met sy dood op negentigjarige ouderdom. Goethe het *Faust* voltooi toe hy een en tagtig jaar oud was. Titian het sy *Laaste avondmaal* op tagtigjarige ouderdom voltooi.

Wat gee vir 'n mens kwaliteit aan die lewe?

Wanneer ek na bekendes kyk, kry ek soms die indruk dat hulle verkeerde waardesisteme het. Blote liggaamlikheid speel 'n gans te groot rol. Dít, lyk my, is 'n natuurlike verskynsel by die manlike spesie. Hoor maar hoe vertel hulle tot vervelens toe van hul sportprestasies van jare gelede. "Ek wil nie spog nie, maar ek het 'n breekslag gehad wat die manne in die lug laat gryp het." Dan lag hy van pure genoegdoening dat sy boepie eintlik so skud. 'n Rukkie later sit hy kop onderstebo met sy duime en speel: "Nou kan ek skaars die pawiljoen opsukkel."

Dit is goed wanneer 'n man se liggaam vir hom belangrik is en hy daarop trots is. Maar hy moet weet dat hy nie net uit spiere en kliere bestaan nie.

Ek het 'n man geken wat provinsiale kleure in twee sportsoorte gehad het. Sport was alles in sy lewe. Sy werk was van minder belang. Hy was nie goed opgelei nie en het werk op grond van sy sportprestasies gekry. Toe hy ouer word en sy plek in die span verloor, het sy aansien in die gemeenskap gedaal. Hy het 'n laaste stukkie pad in sy werk as 'n tweederangse werknemer geloop. Sy liggaam het hom in die steek gelaat.

Lewenskwaliteit bestaan uit veel meer as fisieke vermoëns. Belangstellings en stokperdjies kan jou lewe so vol maak dat jy glad nie ledig is nie. Gee vóór jou aftrede hieraan aandag.

'n Vriend van my doen pragtige houtwerk en verwyl 'n groot deel van sy aftreetyd in sy werkkamer. Ek was verbaas toe ek sien hoeveel hout hy oor die jare aangekoop het. Myns insiens sal hy in sy leeftyd nooit al daardie hout kan verwerk nie. In daardie stapel hout lê egter 'n droom opgesluit. My vriend gaan aan sy droom werk tot die dag van sy dood. So behoort elke mens 'n droom te hê wat hom sal besig hou solank as wat hy lewe. Die materiaal en gereedskap wat ons gebruik om ons drome te vervul, mag nooit opraak nie.

*G*ee kwaliteit aan die lewe

Onthou jy nog die vraag: Wat gee kwaliteit aan my lewe én hoe gee ek kwaliteit aan die lewe? Die tweede deel van dié vraag is myns insiens die belangrikste, want dit het met jou roeping as Christen te make. God het vir jou sekere toerusting gegee waarmee jy aan jou doel moet beantwoord. Jou doel is om lewenslank 'n mens tot eer van God te wees. Ná jou aftrede het jy nog nie jou lewensdoel bereik nie. Elke dag is daar nog geleentheid om met jou beskikbare toerusting aan die lewe sin te gee. Dít is 'n kwaliteitlewe – wanneer jy aan die lewe sin gee. Dit maak aftrede 'n tyd om na uit te sien, want dan gaan dit nie net oor wat jy uit jou bonusjare gaan kry nie, maar oor wat jy bereid sal wees om te gee.

Here,
Wanneer ek aan aftree dink,
dink ek eerste aan ophou met werk –
dat ek verlos sal wees van al die vervelige
sleurwerk wat ek al meer haat om te doen;
dat ek sal rus en nie elke dag hoef te sukkel
om by die werk te kom nie;
dat ek tyd sal hê om die lewe te geniet ...
Maar, diep in my hart raak ek al hoe banger
vir die aftreetyd, Here.
Ek is bang vir
die onbekende,
die moontlike finansiële druk,
dat ek 'n vergete mens gaan word,
dat rus nie heeltemal so lekker gaan wees
as wat ek dink nie.
Here, ek is bang vir oudword ...
Daarom bid ek dat U my sal help met die voorbereiding
op my aftrede én my ouderdom!
Help my om sin in die lewe te vind,
maar om ook sin aan die lewe te gee.
Amen.